Else Müller · Inseln der Ruhe

Else Müller

Inseln der Ruhe

Ein neuer Weg zum Autogenen Training
für Kinder und Erwachsene

Kösel

3. Auflage 1995, 15.-19. Tausend

ISBN 3-466-30373-7
© 1994 by Kösel-Verlag GmbH & Co., München
Printed in Germany. Alle Rechte vorbehalten
Druck und Bindung: Kösel, Kempten
Illustrationen und Umschlag: Alice Meister, Frankfurt a.M.

3 4 5 6 · 99 98 97 96 95

Inhalt

Warum ein Neuer Weg zum Autogenen Training? 7
Zur Geschichte des Autogenen Trainings 9

   Entwicklungsgeschichte 10
   Wie wirkt das Autogene Training? 11
   Wissenschaftliche Begriffe im Autogenen Training 13

Das vegetative Nervensystem 14
Streß – eine kollektive Zeitkrankheit? 16

   Streßtypen 16
   Streß bei Kindern 19

Praxisbeispiele 23
Phantasie, die unerschöpfliche, kreative und heilende Lebenskraft 25
Der Neue Weg auf einen Blick 27
Wirkungsweise des Neuen Weges zum Autogenen Training 35

   Gebrauchsanweisung zum Üben 39
   Pädagogische Möglichkeiten des Neuen Weges im Erziehungsbereich 43
   Erfahrungen aus einer langjährigen Praxis 44
   Therapeutische Möglichkeiten auf einen Blick 44

Bildsymbole 46

   Die Symbole 46
   Übungsverlauf 48

Praktischer Übungsteil 51
    Schwereübungen 53
    Gesichtsentspannung 66
    Wärmeübungen 68
    Organübungen 83

Autonome Entspannungsübungen 103
Phantasiereisen mit Autogenem Training für Kinder und Erwachsene . 111

Literatur 144

Warum ein Neuer Weg zum Autogenen Training?

Das Buch *Inseln der Ruhe* beinhaltet eine neue Methode eines standardisierten Entspannungsverfahrens auf der Grundlage des Autogenen Trainings nach Professor J.H. Schultz. Die therapeutischen Formeln und Übungen sind in *gelenkte Imaginationen*, in phantasievolle und phantasieanregende Bilder eingebunden. Sie sind der Transfer für die therapeutischen Inhalte, die durch Symbole als Lernhilfen zusätzlich gekennzeichnet sind.

»Sie suchen die Ruhe und fürchten die Stille.« Mit diesem Satz läßt sich die Befindlichkeit vieler meiner Kursteilnehmer für Autogenes Training beschreiben. Auffallend ist ein hoher Grad der (Ver-)Spannung, der eine konzentrative Hinwendung auf den eigenen Körper, auf sich selbst, erschwert oder zunächst sogar verhindert. Stillhalten wird dann zur Schwerarbeit.

Die Konzentration auf sich selbst, das Loslassen und Geschehenlassen, muß erst gelernt werden. Dabei fällt die körperliche Ent-Spannung oftmals noch leicht, das geistig-seelische Loslassen aber stellt sich als sehr schwierig dar. Gedanken kreisen meist unruhig um die eigene Problematik: sie »flattern wie Fledermäuse« im Kopf umher. Unbewußte Ängste, Vorbehalte und Vorurteile gegen Autogenes Training können zusätzliche Lernbarrieren sein.

Die überprüfbare, pragmatisch-wissenschaftliche Struktur und Wirkungsweise des Autogenen Trainings ist nicht jedem Kursteilnehmer vertraut. Indiz der meist unbewußten Sperren ist ein signifikanter Mangel an Konzentrations- und Aufnahmefähigkeit. Eine der wichtigsten Voraussetzungen für das Erlernen und sichere Beherrschen des Autogenen Trainings ist *Geduld, Geduld und noch einmal Geduld*.

Meine langjährigen Beobachtungen und Erfahrungen haben mich motiviert, einen neuen Weg zu suchen, der es Kindern und Erwachsenen ermöglicht, Autogenes Training leichter und auch lustvoller zu erlernen.

Mit diesem *Neuen Weg zum Autogenen Training* konnte ich in meiner bisherigen pädagogischen und therapeutischen Arbeit mit sehr unterschiedlichen Menschen so gute Erfahrungen sammeln, daß ich diese vielseitige Entspannungsmethode nunmehr einer breiteren Öffentlichkeit vorstellen möchte, denn der *Neue Weg* ist »kinderleicht« und kann zur alltäglichen Lebenshilfe werden.

Zur Geschichte des Autogenen Trainings

Als der Nervenarzt Professor Dr. J.H. Schultz im Jahre 1932 sein Buch *Das autogene Training – Konzentrative Selbstentspannung – Versuch einer klinisch-praktischen Darstellung* einer skeptischen Fachwelt vorstellte, waren dessen heutige hohe Auflagen und Übersetzungen in viele Sprachen kaum vorhersehbar. Heute, nach über sechzig Jahren, ist sein Werk jedoch aktueller denn je. Es bietet Pädagogen, Ärzten, Psychotherapeuten und anderen Interessierten umfassende Informationen über die medikamenten-unabhängige Methode zur wirkungsvollen psycho-vegetativen Beeinflussung und Veränderungen im menschlichen Organismus.

Das Autogene Training ist eine Art medizinisches Urgestein im großen Feld der Therapieverfahren. »Autogen« wird als Eigenname heute groß geschrieben und ist das Markenzeichen des anerkannten Psychotherapieverfahrens. Durch ungezählte wissenschaftliche Berichte und Arbeiten, durch Beiträge in den Massenmedien, hat es die ihm gebührende Resonanz und Anerkennung erhalten, die ihm zunächst nicht sicher war. Erst war die Methode in ihrer Wirksamkeit angezweifelt worden. Eine durch Selbstbeeinflussung erzielte Umschaltung des vegetativen Nervensystems erschien Fachkollegen fragwürdig. Die Vorstellung, eine physisch-psychische Veränderung, eine Umstellung im menschlichen Organismus allein durch Gedanken und Visualisierung auszulösen, schien irrational und wissenschaftlich nicht belegbar zu sein.

Umfassende Untersuchungen in Theorie und Praxis, in zahlreichen Veröffentlichungen niedergeschrieben, bewiesen jedoch die Wissenschaftlichkeit des Autogenen Trainings. Die Kernthese des Autogenen Trainings, daß durch Autosuggestion körperliche, geistige und seelische Veränderungen geschehen, ist durch unterschiedliche wissenschaftliche Parameter bewiesen. Das Autogene Training ist – ähnlich der Meditation – von dem Vorwurf befreit, seine Befunde seien lediglich subjektive Wahrnehmungen und nicht objektivierbar.

Entwicklungsgeschichte

Professor Schultz entwickelte das Autogene Training aus seiner Erfahrung mit der Hypnose, die er medizinisch indizierte. Er kannte aber auch fernöstliche Versenkungsmethoden, etwa die Meditation, und ließ diese Erfahrungen in seine neue Methode miteinfließen. Patienten berichteten nach der Hypnose, wie ruhig und entspannt sie sich fühlten und wie angenehm schwer und warm ihre Glieder, ihr ganzer Körper, waren. Sie fühlten sich nach der Hypnose körperlich und seelisch entspannt und erholt. Diese Erkenntnisse baute Schultz zu einem standardisierten Verfahren aus, das jederzeit und überall anwendbar ist. Die angenehmen Schwere-, Wärme- und Ruhewahrnehmungen, in der Hypnose durch Fremd-Suggestion ausgelöst, wurden nun zum Ziel der Auto-Suggestion.
Die bekannteste Übungshaltung im Autogenen Training nach Schultz ist die sogenannte »Kutscherhaltung«. Wie sie zu diesem Namen kam, ist eine hübsche Geschichte.
In der Wirtschaftskrise der zwanziger und dreißiger Jahre unseres Jahrhunderts saßen viele Berliner Droschkenkutscher auf ihrem Bock. Sie schienen völlig entspannt vor sich hin zu dösen und dies in einer nicht sehr gemütlichen oder etwa schlaffördernden Körperhaltung. Schultz bemerkte dabei ihren abgesenkten Muskeltonus, die geringe Muskelspannung sowie einen gelösten geistig-seelischen Zustand. Diese Kutscherhaltung wurde zur Grundübungshaltung in seiner Methode ganzheitlicher Entspannung.
Ein Ziel des Autogenen Trainings ist es, persönliche Emotionen und Funktionen durch standardisierte und strukturierte Übungseinheiten positiv zu lenken und zu beeinflussen. Das stärkt Selbstvertrauen und Selbstsicherheit. Ein Mensch muß seinen Problemen und Belastungen nicht hilflos ausgeliefert bleiben. Er vermag es, positiv auf sie einzuwirken und damit für sich selbst und seine Gesundheit Verantwortung zu übernehmen.

Wie wirkt das Autogene Training?

Schultz nannte das Autogene Training zunächst auch »Konzentrative Selbstentspannung« und beschrieb es so: »Ein vom Selbst (autos) sich entwickelndes (gen = werden) und ein Selbst gestaltendes Üben (Training) soll der Name kennzeichnen.«

Eine konzentrative Selbstentspannung ist die Lenkung geistiger Sammlung, die Konzentration auf körperliches Geschehen. Nebengedanken werden ausgeschaltet, der Blick richtet sich nach innen, auf das körperliche Geschehen. Diese aufmerksame Hinwendung zum Selbst nennt man »Einstimmung«. Dieser folgt die »Ruhetönung« mit der Formel: »Ich bin (ganz) ruhig.« Diese auto-suggestive Formel hat einen eigenständigen Wert. Auch außerhalb des Autogenen Trainings eingesetzt, in stressigen Situationen etwa, wirkt sie therapeutisch auf das vegetative Nervensystem und die Funktionen der Organe.

Nach »Einstimmung« in das Autogene Training und »Ruhetönung« folgen die Formeln zur Schwere und Wärme. Sie werden mit einiger Übung »einverleibt« und entfalten ihre therapeutische Wirkung aus der Entspannung heraus, dem durch die Ruheformel erreichten Zustand der Ruhe.

Eine Schwereformel löst im jeweils angesprochenen Körperteil ein Gefühl der Schwere aus, die Folge einer Muskelentspannung ist. Die Schwere im jeweils angesprochenen Körperteil, jene subjektiv gefühlte Wahrnehmung, ist der Beweis einer gelungenen Ent-Spannung.

Eine Wärmeformel wirkt im entsprechenden Körperteil auf die feine Gefäßmuskulatur ein, die durch Entspannung erweitert und besser durchblutet wird. Auch dieses Wärmeerlebnis ist Beweis für eine erfolgreiche Entspannung. Werden Schwere- und Wärmeübungen sicher beherrscht, folgen die Organübungen, die über ein reines Entspannungstraining jedoch hinausgehen. Mit diesen Übungen kann ein belastetes oder auch krankes Organ therapeutisch beeinflußt werden. Besonders durch Streß ausgelöste, gestörte Organfunktionen oder Erkrankungen können gezielt entlastet und therapiert werden.

Die erste Organübung des Autogenen Trainings ist die Atemübung zur

Beruhigung und Normalisierung der durch Streß aus dem Gleichgewicht gebrachten Atmung. Streß erhöht die Atemfrequenz. Dieses verkürzte, oft hektische Atmen wird durch die Atemformel wieder in ein ruhiges Gleichmaß gebracht.

Die Sonnengeflechtsübung wirkt beruhigend auf das vegetative Nervensystem ein. Nervöses Magen- und Darmgeschehen wird normalisiert. Magenschmerzen verschwinden häufig schon während der ersten Übungen.

Die Herzübung beeinflußt das Herzgeschehen. Nervöse, streßbedingte und funktionale Herzbeschwerden werden durch die Herzübung gelindert oder beseitigt. Damit diese jedoch auch längerfristig nicht mehr auftauchen, muß man zunächst die Streßursachen auffinden. Diese »Stressoren« sind nicht immer offensichtlich, vielmehr bedürfen sie oftmals einer gründlichen Suche und Diagnose. Dies ist ohne Hilfe von außen, durch Ärzte und Therapeuten, meist nicht möglich.

Die letzte Organübung ist die Stirnübung oder Stirnkühlung.

Ein weiterer therapeutischer Bereich besteht aus formelhaften Vorsätzen, die positive Autosuggestionen sind. Sie nutzen die Kraft des positiven Denkens. Ein formelhafter Vorsatz besteht aus ein oder zwei Zeilen mit positivem, bejahendem Inhalt zur Bewältigung eines Problems. Diese Vorsätze oder Affirmationen werden an ein Autogenes Training angehängt. Sie können auch während des Tages selbständig gedacht werden. Das Wirkungsprinzip eines formelhaften Vorsatzes ist das eines Codes. Dieser wird mit seiner positiven, stärkenden Botschaft in das Unterbewußtsein versenkt und hilft von dort aus zum gewünschten Erfolg.

Auch die formelhaften Vorsätze werden – genau wie die Körper- und Ruheformeln – »einverleibt«. Sie sind Bejahungen und Verstärkungen des Vertrauens auf die eigene Kraft, insbesondere die zur Selbstheilung. Sie verstärken die Selbstakzeptanz und sind Hilfen auf dem Weg zur Selbstfindung und -verwirklichung.

Wissenschaftliche Begriffe im Autogenen Training

Umschaltung, *Generalisierung* und *Transfer* sind wichtige Begriffe im Autogenen Training.

Umschaltung ist die Beschreibung der physisch-psychischen (körperlich-seelischen) Reaktionen auf die selbst-suggestiven (autogenen) Übungen. Ein »Umschalt-Erlebnis« ist etwa die gefühlte Schwere in einem angesprochenen Körperteil, die durch die Schwereformel erreicht wurde – analog zum Wärmegefühl. Im »Wärme-Erlebnis«, das durch die entsprechende Wärme-Formel erzielt wurde, wird die Gefäßmuskulatur entspannt und die Durchblutung verstärkt.

Entspannung und Wärme sowie die folgenden physiologischen Veränderungen sind Beweis für die Wirksamkeit des Trainings. Durch regelmäßiges und systematisches Üben wird die Umschaltung zum eigenständigen Faktor. Sie ist eigentlicher Inhalt und Ziel des Autogenen Trainings.

Die *Generalisierung* ist nach Schultz »eine sich spontan einstellende Erweiterung der Reaktionsbreite bei gleichem auslösenden Moment«. Als Beispiel: Wird eine durch die Formel ausgelöste Schwere im Arm gespürt, dann wird man diese nach einiger Übung – auch spontan – in anderen Gliedmaßen fühlen.

Bei den Schwereübungen kann es spontan bei einigen Menschen zu Wärmegefühlen und -erlebnissen kommen.

Unter *Generalisierung* verstehen wir zwei Vorgänge: »Eine Ausweitung von Autogenen Trainings-Wirkungen während der Übung *und* einen Vorgang, der dem allgemein-psychologischen Begriff des *Transfers* entspricht, eine Verallgemeinerung also, die sich nicht nur auf den direkten AT-Effekt für die Dauer der Übung zielt, sondern zeitlich von ihr abgetrennt werden kann.«

Transfer ist das Übertragen von eingeübten Fertigkeiten auf andere Verhaltenssituationen. Eine lokal begrenzte Entspannung führt immer auch eine vegetative Entspannung herbei. Sie entspannt das ganze Nervensystem, den ganzen Organismus.

Das vegetative Nervensystem

Das vegetative oder autonome Nervensystem reguliert alle notwendigen Funktionen wie Atmung, Kreislauf, Stoffwechsel, Verdauung und Sexualität. Es steuert die Vorgänge in den jeweiligen Lebenssituationen oder der jeweiligen Lebensbedürfnisse und paßt sie funktionsgerecht an. Sein Name beschreibt seine vom Willen völlig unabhängige Wirkungsweise. Es arbeitet autonom.
Der Mensch lebt in einer sinnvollen Vernetzung all seiner körperlichen, geistigen und seelischen Prozesse und Befindlichkeiten. Wird nur einer dieser Bereiche beansprucht oder belastet, reagiert sofort auch ein anderer: Er wird in Mit-Leidenschaft gezogen. Jedes Gefühl wie Freude, Wut, Ärger oder Aggression löst eine fast gesetzmäßige Reaktion aus und verändert damit automatisch funktionale Prozesse. Auch ständig unterdrückte Emotionen, Wünsche und Bedürfnisse wirken als Streß und beeinflussen negativ das Immun- und Abwehrsystem.
Körperliche Symptome als Folge von heftigen Emotionen oder Affekten sind etwa der plötzlich auftretende Angstschweiß. Er bricht infolge von Furcht oder Streß in Form einer Überproduktion der Schweißdrüsen aus. Aber auch freudige Gefühle können zu verstärkter Schweißbildung führen. Es kann zu einer besseren Durchblutung der Gesichtshaut kommen, die durch erweiterte Blutgefäße ausgelöst wird. Bei einem großen Schrecken, der »uns in die Glieder fährt«, kann es zu einer unwillkürlichen Blasen- oder Darmentleerung kommen.
Wir unterteilen das vegetative Nervensystem noch einmal in das *sympathische* und das *parasympathische*. Sie sind Antagonisten, das heißt, sie stehen in ihrer Auswirkung im Gegensatz zueinander. Streß, jeder freudige oder leidvolle Erregungszustand, spricht unmittelbar das sympathische und parasympathische Nervensystem an. *Sympathikus* und *Parasympathikus* (Vagus) werden

in Mitleidenschaft gezogen. Die Aktivierung des einen führt zwangsläufig zur Reaktion des anderen.

Eine augenblickliche Arbeitsleistung fördert den Sympathikus, der im Sinne einer Leistungssteigerung und Lebenserhaltung alle notwendigen Energien mobilisiert und große Kraft(-reserven) freizusetzen vermag. Die natürliche Balance der beiden Antagonisten, *Sympathikus* und *Parasympathikus*, ist Garant für Gesundheit und Lebensfreude.

Streß – eine kollektive Zeitkrankheit?

Streß zeigt sich in vielen Masken. Kaum ein Mensch, gleich welchen Alters, Geschlechts oder sozialer Herkunft, bleibt in seinem Leben – wenigstens zeitweise – davon verschont. Anhaltende Ver-Spannungen im körperlichen und seelischen Bereich sind Krankheitsverursacher und in ihrer Maskenhaftigkeit oft schwer zu durchschauen oder bloß zu erkennen. Vielen traditionell ausgebildeten Ärzten fällt es in der alltäglichen, überlasteten Praxis nicht leicht, die sich hinter auffälligen Krankheitssymptomen verbergenden, tiefer liegenden Krankheitsursachen aufzuspüren.
Streß wird zum Störfaktor eines vitalen Lebens. Er schränkt die Arbeits- und Liebesfähigkeit ein. Die Stressoren sind meist in (unbefriedigenden) sozialen und emotionalen Lebensbedingungen zu finden. Alle unterdrückten Bedürfnisse und Wünsche, aber auch unbeantwortete, wichtige Lebens- und Seinsfragen werden zu Streß, der heimtückisch im Untergrund sein Unwesen treibt. Es gibt auch einen akuten Streß, der aus einem dramatischen Lebensereignis herrührt oder einen Langzeitstreß, der sich meist aus vielen zeitlich weit zurückliegenden Quellen speist. Unter Streß steigt der Tonus (die Spannung) des Menschen an und führt oft zur Ver-Spannung. Versteifte Muskulatur ist immer ein Zeichen von Über-Spannung, von Streß. Ein großes Krankheitsfeld sind die vielen, oft unspezifischen Rückenprobleme. Sie sind gleichzeitig Ursache und Folge seelischer Verspannung und Verkrampfung, von Unterdrückung unbefriedigter, meist unbewußter Wünsche und Bedürfnisse oder aber Zeichen eines Festhaltens an ihnen. Streß führt zu einer Blockade, die einen Energie- und Affektstau auslöst und sich dann in unterschiedlichen körperlichen Symptomen kanalisiert. Diese Ver-Spannungen wirken im Organismus wie ein Energieblock, der ein freies Fließen von Lebensenergien verhindert. Sie haben auch gravierende Auswirkungen im feinstofflichen Geschehen. Diese blockierte Lebensenergie, von den Chinesen *Chi* genannt,

löst auch Depressionen aus, die heute zu den häufigsten Krankheitserscheinungen zählen. Mit herkömmlichen ärztlichen Verschreibungen sind sie nicht heilbar.
Streß gefährdet das feinabgestimmte Energiesystem des menschlichen Organismus. Die Feinabstimmung, die Homöostase, entgleitet ihrem Gleichgewicht. Alles gerät aus dem Lot. Die Folgen sind Antriebsschwäche, Lebensunlust, Gereiztheit, Unausgeglichenheit, Melancholie. Schlechte Laune kann die Auswirkung von Energieblockaden sein. In der persönlichen Biographie eines Menschen wirken sein soziales Umfeld, seine Gene, seine ererbte Chromosomenstruktur und die Bedingungen, unter denen er lebt, alle als Faktoren zusammen und beteiligen sich an der Entstehung von (Streß-)Krankheiten. So hat jedes Individuum in seiner unverwechselbaren Besonderheit sein persönliches »Streßmuster«. Deshalb kann es auch keine Patentrezepte geben. Was dem einen hilft, kann für den nächsten bereits schädlich sein. Die moderne Streßforschung, begründet von dem kanadischen Arzt Hans Selye, ist so aufschlußreich, daß es verwundert, wie wenig dieses Wissen eingesetzt wird.
Das englische Wort *stress* bedeutet soviel wie Belastung oder Druck. Wir unterscheiden den sogenannten *Eu-Streß* (eu: griech. = gut, wohl) und den *Dis-Streß* (dis: griech. = schlecht). Anhaltende, negative Überlastung und Spannung ist *Dis-Streß*. Wird er nicht aufgelöst, schädigt er den ganzen Organismus. Genetisch bedingte Anfälligkeiten bestimmter Organe re-agieren gekränkt. Sie werden krank. Der Mensch verliert seine Lebensfreude und seine Leistungsfähigkeit. Er schwächt seine Abwehrkräfte. *Eu-Streß* brauchen wir dagegen, um zu überleben. Er aktiviert all unsere Lebensenergien. Zu jeder Leistung brauchen wir aktivierende Prozesse wie erhöhte Herz- und Atemfrequenzen, gesteigerten Blutdruck, verstärkte Milchsäureproduktion und höhere Adrenalinausschüttung. Dies sind sogenannte Anpassungsprozesse, die wir als Kampf- und Fluchtsyndrome kennen. Es sind lebensrettende Reaktionen des Körpers auf gefährliche Situationen wie Kampf, Angriff oder Flucht. Diese gespeicherten Urreaktionen unserer Vorfahren brauchen wir für unser heutiges Leben kaum mehr. Unsere Urahnen aber mußten bei Gefahr noch blitzschnell reagieren können. Das erforderte Leistung und Leistungsbereitschaft, bei der alle Organe auf Alarm schalteten. Wird dieser

Vorgang nach entsprechender Zeit jedoch nicht beendet, bleiben zuviel Spannung und Streß zurück: Der Alarm wird nicht ausgeschaltet.
Heute erleben Menschen diese historischen Kampf- und Fluchtsyndrome in ganz anderer Form. Unbefriedigende private und berufliche Lebensbedingungen oder politische Umstände erfordern zwar noch die gleiche Energieausschüttung des Organismus wie die unserer Urahnen. Im Gegensatz zu ihnen haben wir aber zu wenige körperliche Möglichkeiten, unsere Anspannung ökonomisch wieder aufzulösen. Meist werden viele untaugliche und schädigende Mittel eingesetzt, um die Ent-Spannung, die Auflösung eines Dauer-Alarms, herbeizuführen. Alkohol, Zigaretten, Psychopharmaka, Genußgifte oder härtere Drogen führen nur tiefer in eine Falle. »Sucht heißt suchen«: Eine sprachlich nicht exakte, aber inhaltlich stimmige Aussage eines bekannten Arztes und Therapeuten im Schwarzwald beschreibt die Wünsche des Individuums zur Befriedigung essentieller Grundbedürfnisse wie etwa den Wunsch nach Geborgenheit, Zuverlässigkeit, Nähe, Wärme und Liebe. Wird dieser nicht oder nur unzureichend erfüllt, entsteht eine tiefe körperlich-seelische Trauer, die zur Krankheit, aber auch in die Ausweglosigkeit führen kann. Man greift zu Ersatzbefriedigungen, die auf Dauer nichts als eine lähmende Leere zurücklassen.
Der Begriff »Seelenlähmung« beschreibt diesen Zustand eines körperlich-seelisch-geistigen Notstands trefflich: den Hunger nach wirklicher Sättigung existentieller Wünsche und Bedürfnisse.
Da es in der herkömmlichen Medizin hierfür wenig wirkliche Hilfe oder Heilung gibt, fühlen sich viele Patienten hilf-los und lassen sich von manch zweifelhaftem Heilversprechen verleiten und irreführen.

Streßtypen

Menschen reagieren in gleichen Streßsituationen ganz unterschiedlich. Während der eine förmlich »aus dem Häuschen« gerät, kann der andere beim gleichen Anlaß noch ganz ruhig scheinen. Die Reaktion ist abhängig von den Erbanlagen.

Es gibt Menschen, die bei akutem Streß geradezu »an die Decke springen«. Diesen Typus nennt man *Sympathotoniker*. Er neigt zur Unruhe, Nervosität, Unbeherrscht- und Gereiztheit.

Diese Eigenschaften gehen meist mit Bluthochdruck und häufigem Kopfschmerz einher. Der Sympathotoniker befindet sich oft in einem Zustand starker innerer An- und Verspannung. Er leidet unter Streß – auch wenn er dies nur selten realisiert.

Ganz im Gegensatz zu ihm reagiert der *Parasympathotoniker* oder *Vagotoniker* bei Streß meist mit einer Blutleere im Kopf, mit einer Benommenheit, die sich bis zur Ohnmacht steigern kann. Er ist anfällig im Magen- und Darmbereich und klagt häufig über Herzschmerzen. Nach außen wirkt er oft täuschend ruhig. Zwischen diesen beiden anlagebedingten Typen gibt es natürlich noch alle denkbaren Zwischenstufen.

Streß bei Kindern

In der Frankfurter Rundschau vom 25. August 1993 war zu lesen, daß allein 350 000 Kinder im Alter von einem bis zu vier Jahren im Jahre 1991 vom Arzt Schlafmittel verordnet bekamen. 200 000 Kindern der gleichen Altersgruppe wurde wegen Verhaltensauffälligkeiten oder Konzentrationsstörungen Psychopharmaka verschrieben. In einer Ausgabe der Wochenzeitschrift DIE WOCHE geht jede siebte Psychopille an Kinder bis elf Jahre. Diese Information wurde unter Berufung auf Angaben des Wissenschaftlichen Instituts der Ortskrankenkassen weitergegeben. Als Ursache für den »Einzug der Beruhigungsmittel ins Kinderzimmer« seien unter anderem »gestörtes Familienleben, wachsender Schulstreß und Leistungsdruck« anzusehen. Eine andere Studie eines Gesundheitsmagazins im Deutschen Fernsehen konnte aufzeigen, daß viele Kinderärzte Psychopharmaka für Kinder auf verlangten Attesten verordnet hatten, ohne die betroffenen Kinder jedoch persönlich gesehen zu haben. Nur auf die mündlichen Berichte von Müttern (recherchierende Journalistinnen) wurden die Atteste ohne Bedenken ausgestellt. Ein einziger Arzt hatte darum gebeten, das Kind zu sehen.

Problem- und Konfliktbewältigung durch Psychopillen erleben Kinder fast täglich bei Erwachsenen. Da Kinder durch Imitation und Identifikation lernen, wird ihr persönliches Muster zur Konfliktlösung durch diese »Vorbilder« festgeschrieben.

In Kriegszeiten und Phasen sozialer Unruhe, die mit einem weitgehenden Verlust an religiösen Glaubensinhalten, mit einem Werte- und Paradigmawandel und der Zerstörung der Natur einhergehen, bedeutet Erwachsenwerden – besonders auch durch die negativen Identifikationsbilder der Medien – hohen Streß. Ein Kinderleben ist eben nicht kinderleicht.

In den Industrienationen hat die materielle Versorgung von Kindern ein noch nie erreichtes Ausmaß angenommen. Der Kauf kostbarer Kleider mit entsprechendem Logo ist zum Muß geworden – selbst bei den Kleinsten. Schnelle Bedürfnisbefriedigung, auch durch oft suchtauslösende Nahrungsmittel, nämlich Süßigkeiten aller Art, ist schon Alltag geworden. »Seelentröster« in allen Variationen – aus der Medienwerbung übernommen – werden fast hypnotisch konsumiert.

All dies kann jedoch kein Ersatz für Nestwärme, Geborgenheit, Vertrauen, Zuverlässigkeit und Liebe sein. Ein gesundes Heranwachsen, eine glückliche Kindheit wird erschwert oder verhindert durch familiäre Probleme, beengte Wohnverhältnisse, bestehende oder drohende Arbeitslosigkeit, die häufig noch mit Verschuldung verbunden ist. Innere und äußere Bedrohung von Menschen ist kein guter Nährboden für Kinder.

Hohe Leistungserwartungen vieler Eltern, übersteigerte Anforderungen und der Leistungsstreß in einer weitgehend ent-sinnlichten Schule, vertiefen die Schadensspuren der Kinder. Eine ungewisse persönliche und globale Zukunft bietet wenig Motivation für umfassendes Lernen und Weiterentwickeln. Es gibt nicht wenige Kinder und Jugendliche, die das Erwachsenwerden durch unterschiedliche Strategien verweigern. Die Folge ist eine »Seelenlähmung«, eine Unterversorgung mit geistig-seelischer Nahrung. Kultur- und Naturerlebnisse bleiben vielen Kindern als intellektuell-psychische Erlebnisräume verborgen. Der Konsumterror ist auch auf alle elektronischen Medien ausweitbar. Ungezählte Stunden verbringen Kinder vor dem Fernseher, vor ihren Video- oder Computerspielen. Es ist eine Einweg-Kommunikation. Das Kind bleibt eingeschlossen in einer gefährlichen Isolation.

Unzählige (Bild-)Informationen überfluten das kindliche Gehirn so stark, daß es die mit ihnen verbundene (Ver-)Spannung nicht auflösen kann. Sie bleibt als energetische Blockade im körperlich-seelischen Geschehen zurück.

Das sind wahrlich keine wohltuenden Einschlafhilfen. Träume können leicht zu Alpträumen werden. Dem Nachtschlaf fehlen die notwendigen Tiefschlafphasen, die aber die unerläßliche Voraussetzung für eine umfassende Erholung ist.

Ein achtjähriger Junge antwortete auf die Frage im Kinderkurs für Autogenes Training, was in der vergangenen Woche wieder den größten Streß ausgelöst habe, mit: »Mein Game-boy hat wieder nicht funktioniert.« Moderne Computerspiele üben eine große Faszination auf Kinder aus. Sie beherrschen die Technik längst besser als ihre Eltern. Aber das passive Sitzen in Räumen, die meist zusätzlich belastet sind durch Umweltgifte und Heizungsluft, ist nicht nur gesundheitsgefährdend, sondern kann sogar suchtartiges Verhalten auslösen.

»Mir ist so langweilig« – für Erzieher und Eltern eine vertraute Klage. Freies, kreatives Spiel, ganz ohne Vorgabe oder Anleitung, ist nicht mehr selbstverständlich. Langeweile wird von Kindern meist mit Süßigkeiten kompensiert. Die Zahl der übergewichtigen Kinder steigt. Ältere Kinder verzehren schon härtere »Süßigkeiten«. In den Schulen beklagen Pädagogen die überaus große Unruhe, mangelnde Konzentrationsfähigkeit und Lernbereitschaft, Aggression und Gewalt, aber auch viele, meist unspezifische Ängste. In Bildern malen und zeigen Kinder ihre Ängste ganz unverhohlen auf erschreckende Weise. Poesie wird zum Fremdwort.

Zur Poesie gehören auch Märchen. In den Kinderkursen beobachte ich, daß Märchen meist über das Fernsehen vermittelt werden und nur noch selten aus Büchern. Auch hier der schnelle Konsum, der Griff zur Kassette, zum Video. Lesekunst wird ins Abseits gedrängt. Etwas vorgelesen zu bekommen ist eine der schönsten Kinderfreuden. Aber sie ist rar geworden in einer Zeit, die zu wenig Zeit hat.

In den Kursen wollen Kinder, aber auch Jugendliche und Erwachsene am liebsten nur Märchen und Phantasiereisen hören. Das Erlernen des Autogenen Trainings wird zur »Pflichtaufgabe«. Diese Erfahrungen motivierten mich, das Autogene Training zu erneuern. Seine therapeutischen Inhalte sind in den Geschichten und Märchen versteckt, man kann sie ganz einfach und lustvoll erlernen. Der andere Aspekt ist die Anregung des eigenen Vorstellungsvermögens, dieser unerschöpflichen Lebenskraft. Die Phantasie ist für die psychische Entwicklung eines Kindes von großer Bedeutung. Die »magische« Phase seines Lebens ist eine wichtige Entwicklungsstufe. Sie dauert in der Regel bis zum neunten Lebensjahr. Heute scheint sie jedoch verkürzt oder kaum mehr er- und durchlebt zu werden. Kinder fallen früher aus ihrer »phantastischen« Welt, um in eine andere zu gelangen, die für sie nicht mehr überschaubar ist. Mancher Jugendliche holt diese magische Phase auf dem gefährlichen Weg des Drogenkonsums nach. In regressiven, oft lebenszerstörenden »Träumen« vergessen sie für eine kurze, zu teure Weile ihre unsichere, frustrierende Gegenwart und verspielen dabei vielleicht auch ihre Zukunft.

Praxisbeispiele

In meine Kurse kommen auf Drängen der Lehrer, Kinderärzte oder Eltern Kinder im Alter von acht bis dreizehn Jahren – meist sehr verunsichert. Schlafstörungen, Konzentrationsschwäche oder Schulangst gehören zu den häufigsten Symptomen, die zum Erlernen des Autogenen Trainings motivieren. Die anfängliche Skepsis der Kinder verliert sich meist schon in den ersten Stunden. Begriffe wie Streß, Entspannung, innere Kräfte, Selbstvertrauen und -sicherheit werden kindgerecht – meist in Bildern – dargestellt und erklärt. Kinder lernen schnell, besonders wenn es im Gegensatz zur Schule lustvoll ist. Sie begreifen eine solch umfassende Methode wie das Autogene Training bald als einen großen inneren Schatz, der so unerschöpflich ist, daß sie von ihm so viel nehmen können, wie sie nur wollen. Aus einer entspannteren inneren Befindlichkeit heraus neue Energie und Kräfte schöpfen zu können, wird Kindern rasch selbstverständlich. Besser nachdenken zu können, da sich die durch Streß verschlossenen Türen im Kopf durch die Entspannung wieder öffnen, wird ihnen zum beliebten »therapeutischen« Bild. Sie werden selbst-sicherer und autonomer. Sie begreifen ihre eigene Möglichkeit der Selbstheilung und -beeinflussung. Gesundwerden und -bleiben wird ihnen zur Aufgabe und Verpflichtung. Eigenverantwortung bleibt kein leerer Begriff. Diese größere Selbstverfügung empfinden sie als etwas sehr Wertvolles. Ängste in der Schule, besonders vor Klausuren, verlieren sich bald. Kinder üben mit offenen Augen in der Klasse, fühlen auch dort die Entspannung und Entlastung am eigenen Leib, aber auch in Geist und Seele. Ihr soziales Verhalten ändert sich. Lehrer berichten dies immer wieder erstaunt. Kreativität und Phantasie erweitern sich. Das zeigt sich auch an Bildern, die wir nach den Ruhe- oder Meditationsübungen malen: Sie werden vielgestaltiger und farbiger. Selbst die Jungen, die in den Kursen überwiegen, malen weniger technische Motive als zuvor.

Jungen sind meist auffälliger in ihrem Verhalten, sowohl zu Hause als auch in der Schule. Mädchen dagegen reagieren auf Streß im allgemeinen angepaßter. Sie ziehen sich eher in sich zurück. In den Kinderkursen für Autogenes Training verwischen sich schon bald jene Geschlechterrollen, die zu Beginn eines Kurses durchaus erkennbar waren. Die Mädchen werden aktiver und die Jungen lernen, sich besser zurückzuhalten.

Die meisten Kinder kommen zu den Fortsetzungskursen freiwillig. Sie haben sich verändert und entdecken neue Potentiale in sich. In den begleitenden Gesprächen mit ihren Eltern versuchen wir gemeinsam bessere persönliche Lebensbedingungen für sie zu schaffen. Hierbei hilft eine alte chinesische Weisheit, die sagt: »Die beste Kindererziehung ist Vorbild, Vorbild, Vorbild und Liebe, Liebe, Liebe.«

Phantasie, die unerschöpfliche, kreative und heilende Lebenskraft

Der *Neue Weg zum Autogenen Training durch gelenkte Imagination* hat viel mit Phantasie zu tun, deshalb an dieser Stelle einige Worte über ihre Bedeutung. Sie ist das einzige unendliche und unerschöpfliche Potential des Menschen. Sie ist eine angeborene Gabe, die entwickelt und gepflegt werden muß. Und sie ist ein unschätzbares Kapital des Menschen, über das er unbeschränkt verfügen kann. Doch ihre Vorstellungskraft nutzen nur wenige Menschen. Selten wird sie ausgeschöpft und unendliche Ressourcen bleiben unentdeckt. Menschen können mit Hilfe der Phantasie die Welt zu ihren Gunsten verändern. Sie besitzt nicht nur ein poetisches Element, sie birgt neben Konstruktivem auch Explosives in sich und kann zu Zerstörerischem mißbraucht werden. Sie ist Himmel und Hölle zugleich.

Unsere Imaginationskraft ist die Voraussetzung aller kultureller, sozialer, politischer, religiöser und persönlicher Veränderungen. Phantasie ist eine konkrete Utopie. Sie kann alle Grenzen überschreiten und Beschränkungen und Begrenzungen überwinden.

Menschen be-grenzen sich oft, sie setzen sich Grenzen als Lebens-Halt und Ab-Sicherung. Grenzüberschreitungen erfordern Mut. Das Übertreten der eigenen Grenzen in neues, unwägbares Terrain macht angst, eine Angst, die Weiterentwicklung und Wachstum verhindert. Begrenztheit kann zum Stützkorsett, zur Krücke werden. Sie abzulegen erfordert den Mut zum freien Laufen und die Gefahr eines Sturzes in Kauf zu nehmen. Dabei verhindert die Angst vor dem Risiko eines solchen (Ab-)Sturzes meist den freien Flug in neue Welten.

Phantasie ist für alltägliche Problem-, Konflikt- und Lebensbewältigung nötig. Zu enge Grenzen erlauben nur eine eindimensionale Sicht auf die innere und äußere Welt. Das Alltagsbewußtsein ist nur ein winziger Ausschnitt menschlicher Bewußtseinsmöglichkeiten. Phantasie ist Bewußtseinserweiterung. Sie ermöglicht größere Einsicht oder Rund-um-Sicht auf die eigene Welt und das eigene Leben. Durch Phantasie erweitern wir unsere Palette der Strategien zur Konfliktbewältigung. Sie bietet neue Handlungsmuster und -möglichkeiten. Sie ist die größte Kraft zur Veränderung unbefriedigender Lebensumstände und birgt die Energie in sich, ein Leben, das sich in Einbahnstraßen oder Sackgassen verlaufen hat, zu befreien.

Sie verhilft aber auch zu mehr Autonomie, mehr Selbstbestimmung und Selbstverfügung. Der Mensch muß sich nicht mehr als Objekt sehen, er wird zum frei entscheidenden Subjekt. Phantasie macht ein Leben bunter und vielgestaltiger. Wie in einem bunten Kaleidoskop kann das eigene Leben ständig neu betrachtet werden. Unser Vorstellungsvermögen ist essentieller Bestandteil unserer menschlichen Existenz. Seine Reduzierung oder sein Fehlen bedeutet die Einschränkung geistig-seelischer Kräfte zur ganzheitlichen Entfaltung eines Menschen und eine Beschränkung. Phantasie ist im Alltag eine *Insel der Ruhe*. Eine Insel, die – herausgehoben aus dem Alltag – Entspannung und Erholung bietet. Sie verhilft zur Kraft, dem Leben die Stirn zu bieten. Sie wird zur Alltagshilfe. Das Vermögen, sich Bilder auszumalen, ist eine elementare schöpferische Lebenskraft. Es ist die andere Seite unserer Wirklichkeit, der Weg zur Spiritualität und zur Transzendenz, zu einem Raum hinter dem »Wissen«.

»Phantasie ist wichtiger als Wissen«, meinte Albert Einstein und der griechische Philosoph Plotin sagte: »Phantasie macht die Menschen zu Göttern, das Denken zu Menschen.«

Was ist nun das Besondere an dem neuen Weg zum Autogenen Training?

Seine wichtigsten Ziele sind Streß abzubauen, einen neuen, besseren Umgang mit Streß im allgemeinen zu lernen und die eigenen körperlichen, geistigen und seelischen Kräfte ökonomischer, das heißt wirtschaftlicher, sparsamer einzusetzen, aber auch unsere Phantasie, diese kreative und unerschöpfliche Lebenskraft, zu aktivieren.

Darüber hinaus kennzeichnen die folgenden Kriterien den *Neuen Weg:*

Der Neue Weg auf einen Blick

1. Für Kinder und Erwachsene
2. Leicht und lustvoll
3. Weniger autoritär und fremdbestimmt
4. Größerer persönlicher Freiraum und Autonomie
5. Keine Polarität zwischen Unter- und Oberstufe
6. Angstfreie Organübungen
7. Sinnlich-emotionale Erfahrungen
8. Weniger Leistungsdruck
9. Wahlmöglichkeit für alle Übungen
10. Bildsymbole zur »Codierung« der Übungseinheiten

1. Für Kinder und Erwachsene
Gelenkte Imaginationen haben phantasievolle, auch archetypische, emotional positiv besetzte Bilder. Sie ähneln der reichen Bildersprache der Märchen. Diese aber sind nicht nur Kindern vorbehalten. Viele Erwachsene fühlen sich von ihnen genauso angesprochen.

2. Leicht und lustvoll lernen
Die Formeln des Autogenen Trainings nach Professor Schultz sind logisch strukturiert in die gelenkten Imaginationen eingebunden. Diese können ganz »spielerisch« erlernt und ihre Wirkung kann so leicht nachempfunden werden, daß man sie gar nicht mehr als eigentliche »Übungen« wahrnimmt.
Ihr bilderreiches, phantasieanregendes Geschehen lenkt leichter vom hektischen und belastenden Alltag ab. Dabei ist die Konzentration zunächst nicht auf die eigene Person gerichtet, sondern auf Bilder und Imaginationen. Die therapeutischen Formeln werden hierbei nicht mehr als Aufgabe erlebt, da

sie sich ganz logisch in die Geschichte fügen und somit leicht und lustvoll, geradezu spielerisch erlernt werden.

3. Weniger autoritär und fremdbestimmt
Die gelenkten Imaginationen sind zunächst durch die Vorgaben des Trainers oder Therapeuten ein fremdsuggestiver, gelenkte Vorgang. Diese so gesteuerten Bildabläufe gehen jedoch bald in ungesteuerte über. Der/die Übende kann aus dem angebotenen Bildmaterial seine eigene Bilderwelt formen und kreativ gestalten. Diese Möglichkeiten verringern den fremdsuggestiven und dadurch oft auch autoritären Einfluß des Übungsleiters. Das innere Bildgeschehen wird nunmehr durch die innere Befindlichkeit des Übenden selbst bestimmt. Er wird autonomer und unabhängiger, seine autosuggestive Kraft wird gefördert.

4. Größerer persönlicher Freiraum und Autonomie
Der im Verlauf der Übung einsetzende ungelenkte, viel mehr selbstbestimmte Ablauf des inneren Bildgeschehens und -erlebens ermöglicht einen größeren inneren Freiraum und mehr Selbstverfügung. Diese größere Autonomie kann auch auf andere Lebensbezüge außerhalb des therapeutischen Übungsraums übertragen werden.
Weiterhin wird dadurch das Ablösen vom Therapeuten oder Übungsleiter nach Beendigung des Kurses erleichtert. Bei anderen Formen der Therapie ist dies wesentlich schwieriger, da die Übertragung und Projektion auf den Therapeuten dort intensiver und die hierarchische Struktur eindeutiger definiert ist.

5. Keine Polarität zwischen Unter- und Oberstufe
Schultz setzt ein sicheres Beherrschen der Unterstufe mit ihren Ruhe-, Schwere- und Wärmeübungen voraus, damit die Oberstufe erlernt werden kann. Die Übenden müssen nach seiner Meinung mindestens 30 bis 40 Minuten die Unterstufenübungen ohne inneres Abweichen oder Unruhe aushalten. Nach Schultz' Auffassung ist erst dann eine Bewußtseinsebene erreicht, welche die Visualisierung von Farben, Eigenfarbe, Objekterlebnis und Eigengefühlserlebnissen möglich macht.

Im *Neuen Weg* gibt es zwischen Unter- und Oberstufe keine Polarisierung mehr. Ich konnte in zehnjähriger Erprobung des *Neuen Weges* durch gelenkte Imaginationen beobachten, daß schon nach einer ausführlichen Einstimmung der Körperwahrnehmung und Ruhetönung durchaus befriedigende Erlebnisse mit Oberstufenübungen möglich sind. Bilder, Farben, Objekte und auch Eigengefühle werden von den meisten Übenden intensiv und als sehr berührend erlebt.

Die Umschaltung als wesentliches therapeutisches Element des Autogenen Trainings wird durch gelenkte Imaginationen in kurzer Zeit – individuell unterschiedlich – ausgelöst. Die subjektive und objektive Befindlichkeit der Übenden, letztere durch Hautwiderstand- und Blutdruckmessung, Elektromyograph feststellbar, war sehr befriedigend.

Im *Neuen Weg* sind Oberstufenübungen von Anfang an in viele der standardisierten Übungen integriert. Hier gibt es keine höhere Trainingsstufe im eigentlichen Sinn. Allein bei den Herzübungen sind einige für Fortgeschrittene kenntlich gemacht und werden erst nach anderen gelenkten Herzimaginationen angewandt.

6. Angstfreie Organübungen

Ich konnte immer wieder beobachten, daß die Organübungen im Autogenen Training nach Schultz schwer erlernbar waren. Eine Lokalisierung der einzeln angesprochenen Organe schien mühsam. Die therapeutische Formel wurde nur selten gefühlt. Dabei zeigte sich die Herzübung als besonders problematisch. Das Herz ist als Mittelpunkt allen affektiven und emotionalen Geschehens seelisch besetzt. Herzunruhe oder sogar Herzangst wurden daher bei vielen mit dieser Übung ausgelöst. Der *Neue Weg* jedoch erleichtert das Erlernen und intensiviert die therapeutische Wirkung der Organübungen. Durch das Bildgeschehen der gesteuerten Imaginationen abgelenkt entsteht eine größere Distanz zum eigenen Körperorgan. Dabei verhindert die Ablenkung durch Bilder aber nicht den inneren Bezug zu den angesprochenen Organen. Eine »Organbeseelung« (siehe Schultz), ein selbst-bewußtes Organerleben und -erlebnis, wird spannungsfrei möglich. Die Organübungen sind in phantasievolle Bilder verpackt und integrierter Bestandteil der gelenkten Imagination.

7. Sinnlich-emotionale (auch taktile) Bildangebote (Erfahrungen)

Anders als im eher puristischen, klassischen Autogenen Training ermöglicht der *Neue Weg* sinnlich-emotionale, taktile Erfahrungs- und Erlebnismöglichkeiten durch entsprechende Bildangebote. Diese Anregungen sind eine zusätzliche Erweiterung und Bereicherung des Autogenen Trainings, da sie eine ganzheitliche Selbst-Erfahrung ermöglichen. Durch die gelenkten Imaginationen wird die rechte Gehirnhälfte aktiviert, denn sie ist für Gefühle und Phantasien zuständig. Gerade in unserer hochtechnisierten Zeit, mit einem mehr biologistisch-mechanistischen Menschenbild, wird die linke Gehirnsphäre fast überbeansprucht, die rechte dagegen nahezu unterfordert. Eine Ausgewogenheit beider ist erstrebenswert.

Diese Bildangebote des *Neuen Weges* »berühren« alle Sinne, sprechen die Augen, die Nase, die Ohren, selbst den Tastsinn an. Für viele der Übenden sind dies neue und ungewöhnliche Erfahrungen, die oftmals erstaunliche Auswirkungen auch in anderen Lebensbereichen haben. Die Sensibilität emotionaler Wahrnehmungen wird erhöht, der Mensch kommt sich selbst und auch anderen näher. Dies ist eine Chance zu innerem Wachstum, zu einem anderen Bewußtsein.

Zu den sinnlich-emotionalen Übungen in den *gelenkten Imaginationen* gehören auch Farberlebnisse. Das »innere Auge« hat hier viele Möglichkeiten der Betrachtung. Besonders vertraut sind uns die Farben in der Natur.

Die Umsetzung, Visualisierung eines Farbangebotes innerhalb eines vorgegebenen Bildes oder Motivs geschieht meist »augenblicklich«. Die Farbe Blau zu visualisieren gelingt fast ohne Ausnahme, da sie zu den persönlichen Erfahrungen, zu dem persönlichen Erleben jedes Übenden gehört. Das »innere Auge« sieht nicht nur das Blau, sondern verbindet diesen visuellen Reiz mit Emotionen, mit meist positiven Gefühlen.

Die Farbe Blau ist eine archetypische Farbe, sie ist untrennbar mit den Urelementen Himmel und Wasser (Meer) verbunden. Der Übende versinkt in die Betrachtung dieser beruhigenden Farbe, sie berührt seinen Geist und seine Seele. Sie füllt ihn ganz aus. Die Schönheit und Harmonie der Farben sind ein zusätzlicher »therapeutischer« Effekt in den *gelenkten Imaginationen*. Da alle Farben eine eigene, spezifische Schwingungsenergie haben, können sie auch therapeutisch eingesetzt werden. Einmal können belebende, aufmunternde Farben ausgewählt werden, dann wieder beruhigende und besänftigende. Alle wirken sie auf das emotionale und psycho-vegetative Geschehen ein. Farbvisualisierungen werden mit Alltags- und Lebenserfahrungen verbunden. Konkrete, emotional besetzte Erfahrungen sind – mit einiger Übung – jederzeit reproduzierbar.

Diese Farberlebnisse in tiefer Entspannung, im Hypnoid, dem abgesenkten Bewußtsein, können nach der Übung mit Wachs- oder Pastellstiften schweigend gemalt werden. Die Bilder sind freilich nicht nach kunstästhetischen Kriterien zu beurteilen. Es zählt allein das eigene, innere emotionale Farberleben, das sich meist in abstrakten Formen und Strukturen ausdrückt: »Es« malt.

Eine andere Art der Farbmeditation oder -visualisierung ist das Herausfinden der sogenannten *Eigenfarbe*, die selten mit der Lieblingsfarbe identisch ist. Nach einer Entspannungsübung wird der Übende aufgefordert, eine oder mehrere Farben mit seinem inneren Auge zu sehen. Meist stellen sich spontan mehrere Farben oder auch nur eine ein, die mit der Zeit zur Eigenfarbe wird. Dies bedeutet, daß im tiefen Versenkungszustand, in tiefer Ruhe, immer die gleiche Farbe, wie selbstverständlich, in Erscheinung tritt. Diese Visualisierung ist – wie jede Meditation – nicht mit dem Willen zu erzwingen. Es ist nicht möglich, eine Farbe sehen zu »wollen«. Das wäre bereits ein Akt des Wachbewußtseins, eine Aktivität der linken, rationalen Gehirnhälfte, nicht aber der rechten, die für Phantasie, Gefühle und Meditation zuständig ist. Schultz sagt: »Wille ist Spannung.« Loslassen, Geschehenlassen gilt für alle Entspannungs- und Versenkungsmethoden.

Die Angebote für den Gehörsinn sind ebenfalls vertraut und emotional gefärbt: Meeresrauschen, Vogelgesang, Musikklänge, das Summen der Bienen und Rascheln der Blätter führen zu erstaunlichen Wahrnehmungen. Gekoppelt mit einer jeweiligen konkreten Erfahrung im Alltag oder Urlaub kommt es zu intensiven Ohr- und Seelenerlebnissen.

Taktile Möglichkeiten sind etwa die Rinde eines Baumes zu fühlen, das zarte Fell einer Katze, eine warme Teekanne oder die Haut eines geliebten Menschen anzufassen und zu ertasten. In der Phantasie einen Stein in der Hand

zu halten und sich seine Geschichte erzählen zu lassen, ist eine vielseitige Übung mit einem ganzen Spektrum innerer Erlebnismöglichkeiten.
Durch Angebote wie etwa eine Orange, das Meer, einen aromatischen Tee oder Holzfeuer zu riechen, wird der Geruchsinn angeregt.
Die gelenkten Imaginationen vermögen selbst die Geschmacksnerven anzusprechen. Es wird ganz selbstverständlich, etwas zu schmecken. Der Erfolg dieser gelenkten Imagination ist an den Schluckbewegungen des Übenden zu erkennen.
Die sogenannten »Objekterlebnisse« des klassischen Autogenen Trainings sind im *Neuen Weg* von Anbeginn in jede Übung eingebunden. In jeder Bildgeschichte sind reale Alltagsobjekte enthalten. Diese vertrauten Objekte werden ohne Mühe visualisiert. Sie sind klar und deutlich in der Phantasie, vor dem inneren Auge sichtbar. Die angebotenen Bilder können mit dem eigenen Vorstellungsvermögen der Übenden beliebig variiert und vertauscht werden.
Sie gehören zu den konzipierten therapeutischen Bildgeschichten (den gelenkten Imaginationen) und werden in das psycho-vegetative Geschehen induziert. Die Objektvisualisierung regt die persönliche Einbildungskraft des Übenden an. Die (Re-)Aktivierung einer lebendigen, kreativen Phantasie ist ein therapeutisches Ziel des *Neuen Weges*.
Das sogenannte »Eigengefühlserlebnis« nach Schultz ist bereits in die *Einstimmung* mit der *Körperwahrnehmungsübung* eingefügt. Für diese körperliche Wahrnehmung muß ein intensives Einfühlen in die eigene Körperlichkeit, die eigene Leiblichkeit, vorausgesetzt sein. Den Körper als einen Teil des Selbst zu fühlen, wird zur elementaren Aufgabe. Diese Übung erleichtert die Konzentration, die Hinwendung auf sich selbst und auf das Selbst. Den Körper als einen Teil des Selbst zu spüren heißt auch, sich selbst-bewußt zu fühlen und sich seines Selbst bewußt zu sein. Die Körperwahrnehmung ist ein Eigengefühlserlebnis. Diese Übung während der Einstimmung führt schon sehr bald zu einer Außenreizverarmung und Wahrnehmungseinengung. Sie fördert die Aufnahmebereitschaft und die Konzentration für das weitere Autogene Training.
Während der Körperwahrnehmungsübung konnte ich einen gleichmäßigen

Atemrhythmus, gesenkten Blutdruck und eine niedrigere Pulsfrequenz beobachten. Die Affirmationen »sich-wohl-fühlen«, »sich-in-der-eigenen-Haut-wohl-fühlen« oder »den-Atem-wie-einen-warmen-Energiestrom-durch-den-ganzen-Körper-fließen-fühlen« werden zu Eigengefühlserlebnissen. Sie wirken unmittelbar auf die psychisch-physische Befindlichkeit des Übenden ein, selbst dann, wenn die Affirmation erst diametral zu ihr erschien.
Auch im Alltag kann die Körperwahrnehmungsübung als eigenständige Entspannungsübung eingesetzt werden. Bei der häufig zu beobachtenden Körperentfremdung vieler Kursteilnehmer für Autogenes Training ist sie eine wirksame Gestaltübung. Das Selbst- und Körperbild wird sich im weiteren Verlauf des Trainings und der Therapie positiv verändern.

8. Weniger Leistungsdruck oder -anspruch
Die eigene Phantasie, die innere Bilderschau und das subjektive Bilderleben während des Autogenen Trainings mit gelenkten Imaginationen ist an kein meßbares Kriterium gebunden. Es ist nicht objektivierbar und damit wertfrei. Im *Neuen Weg* gibt es keinen Leistungsanspruch auf ein festgelegtes Lernziel, das zum Beispiel zum Erlernen der Oberstufe berechtigen könnte. Damit wird Leistungsstreß verhindert.

9. Wahlmöglichkeit für alle Übungen
Durch unterschiedliche Bildinhalte bietet der *Neue Weg zum Autogenen Training durch gelenkte Imagination* Wahlmöglichkeiten für jede der standardisierten Übungen. Die Wahl einer bestimmten Imagination hängt allein von der individuellen Struktur des Übenden ab. Jeder wird bald seine persönliche Lieblingsübung aus den Ruhe-, Schwere-, Wärme- und Organübungen auswählen: die Übung, mit der ihm die besten Erfolge gelingen.

10. Bildsymbole für jede Übung
Im *Neuen Weg* hat jede Übung ihr eigenes Bildsymbol, das den Überblick auf die jeweiligen Übungseinheiten erleichtert. Mit diesen Symbolen ist sofort und leicht erkennbar, um welche therapeutische Formel es sich gerade handelt oder wie der Verlauf der Übung gegliedert ist. Mit einiger Erfahrung

wird das Bildsymbol zu der entsprechenden Formel oder Übung verinnerlicht. Es wird einverleibt und kann wie ein jederzeit und überall abrufbarer Code eingesetzt werden.

Selbst bei geöffneten Augen kann das Bildsymbol zur gewünschen Formel oder Übung gesehen und seine Wirkung fühlbar werden. Das Bildsymbol ist mit der entsprechenden Übung (Formel) gekoppelt und wird konditioniert. Die Umschaltung als Erfolgskriterium einer gelungenen psycho-vegetativen Entspannung und Veränderung verläuft durch regelmäßiges Einüben wie ein Reflex.

Wirkungsweise des Neuen Weges zum Autogenen Training

Wie geschieht der Neue Weg?

Die gelenkten Imaginationen mit ihren emotional positiven Bildinhalten schieben sich über die persönliche Realität des Übenden. Sie erleichtern damit das Ausschalten des Alltags mit all seinen ablenkenden und belastenden Faktoren. Die Visualisierung der Bilder, die innere Bilderschau, führt zu Außenreizverarmung und Wahrnehmungseinengung. Dem angstfreien Bilderleben folgen zwanglos die physisch-psychische Entspannung und ein umfassender Streßabbau. Die gelenkten Imaginationen mit dem eingebundenen Autogenen Training wirken unmittelbar auf das Vegetativum und normalisieren die organischen Funktionen. Eine Disfunktionalität, die durch Streß ausgelöst wurde, wird wieder normalisiert. Das regelmäßige Üben, etwa wie Zähneputzen in den Alltag integriert, löst die Umschaltung schon bald reflexhaft aus. Die therapeutische Wirkung des Autogenen Trainings wird *fühlbar*.

Vorstellungsbilder

Die innere Bilderschau geschieht im Hypnoid, in einem abgesenkten Bewußtsein. Wir können sie als eine Assoziation tieferer Bewußtseinsstufen ansehen. Visualisieren, Imaginieren geschieht immer in der rechten, emotional ausgerichteten Gehirnhälfte, die im Gegensatz zur linken meist unterversorgt bleibt.

Aus der Visualisierung entwickeln sich szenische Erlebnisse gleich einem Film, dessen dramaturgische Fäden allein der Übende mit seinem innerpsychischen Geschehen in der Hand hält. Es gibt Vorstellungs- und archetypische Bilder, die in Mythen, Märchen und Religionen auftauchen und mit einem hohen Gefühlswert gekoppelt sind.

Sonne, Wärme, Wasser, Himmel und Stille sind emotional stark besetzte Bilder. Durch die Wiederholungen dieser Bilder kommt es zu tiefer innerer Ruhe und Befriedigung. Im Hypnoid können menschliche Grundbedürfnisse durch entsprechende Bildangebote und -motive erfüllt werden: etwa der Wunsch nach Ruhe, innerem Frieden und Wärme, vorausgesetzt, diese Bilder erreichen die Schicht der Stimmungen und Emotionen des Menschen, die mit seiner aktuellen inneren Befindlichkeit korreliert.

Möglichkeiten der Selbsterkenntnis

Die innere Bilderschau im Zustand tiefster Entspannung und Ruhe eröffnet die Sicht nach innen auf das Selbstbild und die eigene Existenz. Sie spiegelt das Selbst wider. Mit einer kreativen Phantasietätigkeit sind Dinge und Situationen darstellbar, die aus subjektivem Interesse verändert werden sollen oder müssen. Das Spektrum eigener Handlungsmuster wird erweitert. Das Individuum wird handlungsfähiger und kann die »Einbahnstraßen« oder »Sackgassen« seiner Existenz verlassen. Das Lebensspektrum erhält eine neue Dimension.

Nach unseren Erfahrungen spielen sich Imagination und Visualisierung auf zwei qualitativ unterschiedlichen Ebenen ab.

1. Die zunächst gelenkten, später freien Imaginationen werden auf einer *Vorstellungsebene* erlebt. Das heißt, daß sich der Übende die Bilder vorstellt. Diese Bilder bleiben jedoch meist schwach, blaß und wenig konturiert. Viele Übende bleiben während des Trainings auf der Vorstellungsebene.

2. Die gelenkten Imaginationen werden auf der *Erlebnisebene* wahrgenommen und erlebt. Auf ihr werden die Bilder »plastisch, leibhaftig als Fremderlebnis zu einem Selbsterlebnis transformiert«. Der Übende ist in das innere Bildgeschehen handelnd integriert. Imagination ist eine Zusammensetzung von Farbe, Plastizität, Dreidimensionalität und innerer Autonomie (Hanscarl Leuner).

Sie ist im Versenkungszustand, im Hypnoid, nicht durch den Willen zu beeinflussen. Es gibt auch Bilderlebnisse, in denen der Übende sich nicht innerlich beteiligt. Dann ist die Imagination etwas Ich-Fremdes. In den Kursen der Prävention werden tiefenpsychologische Phänomene allerdings nicht gedeutet oder analysiert. Sie bleiben der ganz persönlichen Betrachtungsweise des Übenden überlassen.

Die gelenkten Imaginationen wirken wie Schlüsselreize für psychisches Erleben. Es gibt viele Überraschungsmomente und Aha-Erlebnisse, hin und wieder auch individuelle Sensationen. Verschlossene Türen öffnen sich, Lichter gehen an. Wie in jeder Versenkungsmethode werden auch spirituelle oder transzendente Erfahrungen und Erlebnisse möglich. Der konzentrierte, durch nichts abgelenkte Blick nach innen, ähnlich einem Laserstrahl, erhellt das Dunkel.

Probleme und Widerstände

Die Bilder können die innere Realität aktivieren und nutzbar machen. Sie können auch verschüttete Ich-Anteile freisetzen. Das geschieht in der Regel ohne Angst. Bei sehr instabilen Personen kann es zu Abwehr- oder Angstreaktionen kommen.

Es gibt Menschen, die für das Autogene Training nicht geeignet sind. Bei Menschen mit akuten Psychosen oder neurotischen Strukturen ist das Autogene Training kontraindiziert. Sehr kopfbetonte Menschen entwickeln – meist unbewußt – heftige Abwehrreaktionen. Sie wehren – auch dies meist unbewußt – emotionale Berührungen ab. Widerstände gegen das Training werden häufig auch auf den Übungsleiter projiziert, der in seiner Mimik, Gestik und in seinem ganzen Verhalten abgelehnt wird. Die Methode kann dann nicht angenommen werden.

Es ist wichtig, dem Übenden immer wieder zu vermitteln, daß die gelenkten Imaginationen nur an ihn gerichtete Angebote und keine Gebote sind. Es bleibt genügend persönlicher Freiraum. Das innere Bildgeschehen wird nicht durch Bildvorgaben zugeschüttet oder beeinträchtigt. Der innere Bilderfluß entwickelt seine eigene, unverwechselbare Gestalt. Die Alltagssituation wird sehr deutlich und intensiv gesehen und erlebt. Unbesetzte innere Räume können gefüllt werden. Wiederholtes Einsetzen gleicher Bildmotive kann zu einer positiven Veränderung einer unbefriedigenden Lebenssituation führen.

Kathartische, reinigende Wirkung

Einige der Imaginationen beinhalten kathartische Möglichkeiten. Ihre seelenreinigende Wirkung wird durch den gefühlsbetonten Gehalt einiger Bilder ausgelöst. Verdrängtes und Unbewußtes wird aufgerührt, sichtbar und kann im Wachbewußtsein – ohne therapeutischen Beistand – frei assoziiert oder bearbeitet werden. Die gelenkten Imaginationen sind Anregung und Bereicherung zur Produktion des Unbewußten.

Praxisbeispiel

In unserer Phantasie sind wir allmächtig. Hier können wir einen Riesen kleiner werden oder ein schreckliches, angstauslösendes Tier schrumpfen lassen. Wir können wilde Tiere füttern, sie zähmen oder streicheln oder sie zu ungefährlichen Spielzeugtieren machen. Tiger oder Löwen, wilde Affen oder brüllende Elefanten können zu possierlichen Tierchen werden, die zum Spielen einladen.

In einer meiner Kindergruppen für Autogenes Training sollte sich jedes Kind ein schreckliches Tier vorstellen. In der Phantasie sollte dieses Tier riesig werden, groß genug, um selbst den inneren Horizont des Kindes zu übersteigen und sogar darüber noch hinauszuwachsen. Danach sollten sie es wieder ganz klein werden lassen, so winzig, um es sich auf die Hand zu setzen und ruhig anzuschauen. Dann imaginierten sie es wieder in eine ihnen angenehme, handliche Größe, in eine Größe, mit der sie umgehen konnten, ja vielleicht sogar mit ihm spielen mochten.

Ein elfjähriger Junge lachte während der Entspannungsphase hell auf, blieb aber in tiefer Ruhe. Nach der Übung erzählte er lachend von seiner Erfahrung: Er hatte sich kein Tier, sondern seine Lehrerin ausgesucht. Mit Hilfe seiner Vorstellungskraft zauberte er sie ganz klein und ließ sie in dieser Größe. Größer sollte sie nicht mehr werden und auch spielen mochte er nicht mit ihr. Nach einiger Zeit hörte ich von seiner Mutter, daß sich sein Verhalten auffallend verändert habe. Er sei ausgeglichener und habe seine Angst vor der Schule verloren, welche Motivation zum Kursbesuch gewesen war. Er hatte große Probleme mit seiner Lehrerin. Nun aber schien der Konflikt gelöst. Der Junge hatte gelernt, seine Lehrerin als nicht mehr so übermächtig anzusehen.

Ihre Macht und seine Ohnmacht hatte er durch die Erfahrung mit der Angstübung in ganz neuem Licht und Verhältnis zueinander sehen können. An diesem Beispiel zeigt sich, daß verdrängte Affekte und Ängste reduziert und relativiert werden können.

Ein Abreagieren oder auch Agieren kann durch entsprechende Bildmotive als sehr entspannend und entlastend empfunden werden.

Gebrauchsanweisung zum Üben

Schaffen Sie sich zunächst eine *Insel der Ruhe*:

– Suchen Sie einen möglichst ruhigen Ort.
– Stellen Sie Störquellen ab.
– Sorgen Sie für ein angenehmes, nicht zu helles Licht.
– Zum Üben können Sie sitzen oder liegen.
– Im Liegen ist ein dünnes Kissen unter Kopf und Nacken hilfreich.
– Eine leichte Decke sorgt für Wärme und Wohlbefinden.
– Stellen Sie Ihre »Kopfuhr« auf eine gewünschte Übungszeit ein.
– Das Wichtigste bei allem ist: Loslassen, Geschehenlassen und viel Geduld.

Finden Sie Ihren Ort und Ihre Zeit zum Üben. Es wird Ihre persönliche *Insel der Ruhe*. Dort können Sie abschalten, den Alltag vergessen und zur Ruhe kommen. Gedämpftes Licht ist nicht nur für die Augen angenehm. Stellen Sie möglichst das Telefon oder die Türklingel ab. Halten Sie liebevolle Besucher davon ab, Sie zu stören – vielleicht durch ein entsprechendes Hinweisschild. Im Sitzen zu üben hat den Vorteil, daß Sie dabei nicht einschlafen und die Übung auf den Alltag und seine Berufssituation besser übertragen können. Im Liegen ist eine nicht allzu weiche Unterlage sinnvoll. Dadurch kann sich die Muskulatur besser entspannen. Ein kleines Kissen entlastet Hals- und Nackenmuskeln.

Mit der Zeit sollten Sie *Ihre* Übungszeit finden. Der Körper gewöhnt sich daran, er wird konditioniert. Der eine wird lieber am Morgen vor dem Aufstehen üben, der andere lieber am Abend nach der Arbeit oder vor dem Schlafengehen.

Am Morgen ist das Autogene Training eine Art Fitneßübung. Das Üben verhilft zu einer guten Einstellung auf kommende Aufgaben. Am Abend kann es leere »Batterien« erneut auffüllen oder auch für besseren Schlaf sorgen. Mit vollem Bauch oder nach dem Verzehr anregender Getränke übt es sich schwerer.

Die sogenannte »Kopfuhr« ist die menschliche Fähigkeit, bestimmte Zeiten zu programmieren. Sie wird jedoch nur selten genutzt. Es gibt Menschen, die bei einem Reisevorhaben kurz vor ihrem Wecker aufwachen. Das intensive Denken an diese Zeit hat dann die »Kopfuhr« übernommen. Oder man erwacht etwa nach einem Mittagsschlaf genau zu der Zeit, die man sich vorab festgelegt hat.

Klappt es mit der Kopfuhr nicht gleich, hilft Geduld oder das Stellen eines Weckers. Das Wichtigste ist die Geduld mit sich, viel Geduld. Es braucht Zeit, bis das Autogene Training wirklich funktioniert. Loslassen, Geschehenlassen bleibt die wichtigste Formel.

Wann lernt sich das Autogene Training am besten?

Am leichtesten lernt es sich in persönlich ruhigen, unbelasteten Zeiten. Streßgeplagt kann eine hohe Erwartungshaltung auf den erwünschten Erfolg zur Lernbarriere werden. Der Leistungsdruck verführt oft zum Leistungszwang. Leicht und unbeschwert läßt sich das Autogene Training im Urlaub, in den Ferien lernen – vorausgesetzt, man findet fachkundige, pädagogisch geschulte Trainer. Dann kann es auch im Alltag, in stressigen Zeiten, sofort wirkungsvoll eingesetzt werden.

Üben zu zweit?

Das ist eine zusätzliche, reizvolle Variante. Sich gegenseitig vorzulesen oder zusammen zu üben ist eine gute Möglichkeit zur lebendigen Kommunikation. Erfahrungen und Erfolge hierbei sind meist recht unterschiedlich. Jedes Individuum hat sein persönliches Lernmuster, das unabhängig von Intelligenz und Begabung ist. Sich gemeinsam das Autogene Training zu erarbeiten ist kein Leistungswettbewerb. Jeder kann vom anderen lernen.

Vorlesetips

Etwas vorgelesen zu bekommen, ist entspannend und wunderschön. Es ist Balsam für die Seele. Der Lesende sollte sich Zeit nehmen und sich innerlich auf »Pause« einstellen. Seine Stimme verrät meist auch seinen inneren Zustand. Besonders Kinder haben ein feines Gespür für die Echtheit der Zuwendung.
Vorlesen ist keine Beruhigungstaktik und nicht als Psychopille gedacht. Die Stimme sollte nicht laut oder kräftig sein. Eine »Schonstimme« ist ruhig, gelassen und sanft. Vorlesen kann zu einer Kunst werden, die beiden, dem Zuhörenden und dem Vorlesenden, große Befriedigung und Freude bereiten kann. Der Vorlesende wird erstaunt sein, wie gut er sich selbst dabei entspannen und erholen kann. Untersuchungen haben gezeigt, daß sich der Tonus (die Spannung) des Zuhörers und des Vorlesenden gleichermaßen senkt.

Wie üben Kinder?

Kinder, die schon lesen können, sind bald in der Lage, selbständig ihr Autogenes Training zu lernen. Des Lesens unkundige Kinder lernen und üben mit Bezugspersonen. Eine Einführung in das Thema ist nützlich. Die strukturierten Übungen werden dann vorgelesen und gemeinsam einstudiert. Durch die entsprechenden Bildsymbole sind auch kleinere Kinder – nach einiger Zeit konsequenten Wiederholens – in der Lage, selbständig zu üben. Sie sehen vor ihrem inneren Auge das jeweilige Symbol, das eine gewünschte Übung beschreibt. Es ist schön, wenn Kinder nach ihren Übungen über ihre

Erfahrungen sprechen können. Malen ist eine gute Möglichkeit, sich auszudrücken. Der *Neue Weg zum Autogenen Training* eignet sich für Kinder gleichermaßen als Entspannungspause während des Tages und als Einschlafhilfe zur Nacht.

Die Übungen dienen der Vorbeugung und Gesundheitserhaltung. Sie sind Psychohygiene und psychische Wachstumshilfe. Bei dem Vorlesen der Phantasiereisen im letzten Teil des Buches wird manches Kind (auch mancher Erwachsener) schon vor dem Ende eingeschlafen sein. Beim Üben während des Tages ist die *Zurücknahme* wichtig. Sie erübrigt sich beim Üben vor dem Einschlafen.

Irritationen während des Übens

Es kann zu Beginn des Erlernens von Autogenem Training zu einigen Überraschungen kommen, die aber meist im weiteren Übungsverlauf verschwinden. Um Verunsicherungen beim Erlernen des Autogenen Trainings zu verhindern, sollen hier die häufigsten Irritationen genannt werden.

- Sie sind plötzlich geräuschempfindlicher. Selbst vertraute Geräusche wirken lauter und störender. Das hängt mit einer erhöhten Sensibilität während der Entspannungsphase zusammen. Doch mit einiger Übung erreichen Sie größere Gelassenheit und Gleichgültigkeit Außenreizen gegenüber. Ihr Übungserfolg wird unabhängig vom Übungsort. Sie können jederzeit und überall üben. Das Autogene Training wirkt mit der Zeit wie eine schützende Hülle, die vor störenden Außen- oder Innenreizen schützt.
- Unbewußte Ängste und Widerstände, die zu Beginn auftreten können, bauen sich im Verlauf des Trainings wieder ab.
- Stärkerer Speichelfluß oder Lidschlag, Jucken, Kribbeln, Kälteempfindungen, Kreislaufempfinden, Muskelzuckungen, Zittern oder Herzklopfen sind Anfängersymptome und verschwinden ebenfalls im weiteren Verlauf. Sie sind ungefährliche Reaktionen oder Entladungen im soma-motorischen oder soma-sensorischen Bereich. Sollten sich einige unerwähnt ge-

bliebene Irritationen zeigen und als sehr störend empfunden werden, dann brechen Sie die Übung mit einer kräftigen Zurücknahme ab und wiederholen sie zu einer anderen Zeit.
- Bauen Sie jede Erwartung auf etwas Besonderes oder auf Sensationen ab. Je mehr Sie loslassen, desto eher stellt sich der gewünschte Erfolg ein. Je häufiger Sie üben, desto mehr Erfolg werden Sie haben.
- Geräuschbildungen, etwa ein Gluckern im Magen- und Darmbereich, sind das gute Zeichen einer entspannten Magen- und Darmmuskulatur und einer verstärkten Peristaltik. Dies sind Reaktionen des Sonnengeflechts, dieser Nervenschaltstelle im Oberbauch.

Jeder Organismus reagiert unterschiedlich auf die ungewohnte Übungssituation. Treten Irritationen oder gar Störungen noch längerfristig auf, ist der Rat eines Arztes erforderlich.

Pädagogische Möglichkeiten des Neuen Weges im Erziehungsbereich

Über den privaten oder therapeutischen Bereich hinaus eignet sich der *Neue Weg* auch für Kindergarten und Schule. Dort klagen die Verantwortlichen über große Unruhe, Nervosität und Aggressionen. Eine Voraussetzung für kreatives Spiel, Konzentration, Lernbereitschaft und -fähigkeit ist innere Ruhe und Ausgeglichenheit.
Kurze Entspannungsphasen vor oder nach dem Unterricht – mit Hilfe kleiner Entspannungs-, Meditations- oder Stilleübungen – zeigen große Wirkung. Kinder und Jugendliche reagieren zunächst auf diese – für sie meist ungewohnten – Angebote erstaunt, manchmal auch skeptisch. Doch schon nach einigen Versuchen sind sie von der positiven Wirkung überzeugt. In manchen Kindergärten und Schulen gehören die kurzen, schöpferischen Pausen bereits zum täglichen Lehrplan.
Die in Kindergärten oft gefürchteten Mittagspausen werden durch Phantasiereisen mit Autogenem Training zu wirklichen Inseln der Ruhe. Hier können nicht nur Kinder wieder Kraft und Energie, Ruhe und Entspannung

genießen. Für medienüberfütterte Kinder sind phantasievolle Angebote ein wichtiges Gegengewicht.

Erfahrungen aus einer langjährigen Praxis

Fragestellung

– Wer bin ich, was bin ich, was will ich?
– Wo setze ich mich selbst unter Streß?
– Was ist der Sinn meines Lebens?
– Wie kann ich übersteigertes Leistungs- und Konkurrenzverhalten abbauen?
– Wie kann ich mehr selbst bestimmen?
– Wie kann ich aus Isolation und Einsamkeit herausfinden?
– Wie kann ich neue Interessen finden?
– Wie nutze ich die Kraft des positiven Denkens?
– Wie nähre ich meine Seele?
– Wie stärke ich den Glauben an eine universelle (göttliche) Kraft, die mich wie ein Netz immer wieder auffangen kann?

Therapeutische Möglichkeiten auf einen Blick

Autogenes Training

– entspannt und beruhigt den Organismus
– führt zu Streßabbau und besserem Umgang mit Streß
– stärkt Konzentrationsschwäche
– hilft bei (Schul-)Ängsten
– aktiviert die Selbstheilungskräfte
– stärkt das Immun- und Abwehrsystem
– nutzt die Kraft des positiven Denkens

- verhilft zu besserem Selbst-Bewußtsein
- führt zu größerem Selbst-Vertrauen
- ermöglicht größere Autonomie
- erweitert die Phantasie als unerschöpfliche Lebenskraft
- führt zu einem stärkeren Gefühl von Lebendig-Sein

Bildsymbole

Im *Neuen Weg zum Autogenen Training* hat jede Übung ein eigenes Bildsymbol. Das Training beginnt mit der *Einstimmung* und endet mit der *Zurücknahme*.

Nach einiger Übung stellt sich der Trainierende ein *Bildsymbol* vor, das die ihm entsprechende Übung versinnbildlicht. Die Vorstellung, das Imaginieren dieser Übung mit dem verbundenen therapeutischen Inhalt, geschieht eigenständig und reflexhaft. Der Übungsverlauf ähnelt einem codierten Programm, das lediglich abgerufen wird.

Durch regelmäßiges Üben wird das Autogene Training sicher beherrscht, Bildsymbole werden einverleibt und verinnerlicht. Sie sind nun wie ein Code gespeichert, der jederzeit und überall abgerufen werden kann. Auch Kindern gelingt dieses Üben fast kinderleicht. In Streß- oder Krisensituationen wird das passende Bildsymbol hervorgeholt und seine hilfreiche Wirkung am eigenen Leib fühlbar.

Die Symbole

Einstimmung
Körperwahrnehmung

Ruhetönung
Ruheformel

Schwereübung

 Wärmeübung

 Gesichtsentspannung

 Atemübung

 Sonnengeflechtsübung

 Herzübung

 Stirnkühlung

 Entspannungsübung

 Meditative Übung

 Zurücknahme

Übungsverlauf

 Einstimmung
Körperwahrnehmung: Den eigenen Körper bewußt und intensiv fühlen – sich selbst *körperlich fühlen*, den Körper als einen Teil des Selbst fühlen, sich selbst-bewußt fühlen.

 Ruhetönung
Ruheformel: *Ich bin ganz ruhig*
Zwanglos, wiederholend denken. Diesen auto-suggestiven Impuls ohne Anspruch auf sich wirken lassen.

 Schwereübung
Formel: *Der Arm (Nacken, Schulter, Bein, Körper) ist ganz schwer.*

 Wärmeübung
Formel: *Der Arm (Nacken, Schulter, Bein, Körper) ist ganz warm.*

 Gesichtsentspannung
Formel: *Das Gesicht ist entspannt und gelöst.*

Atemübung
Formel: *Der Atem geht ganz ruhig und gleichmäßig.*
Der Atem geschieht. Es atmet mich.

 Sonnengeflechtsübung
Formel: *Das Sonnengeflecht ist strömend warm.*
Der Leib ist strömend warm.

 Herzübung
Formel: *Das Herz schlägt kräftig und gleichmäßig.*
Das Herz schlägt ruhig und gleichmäßig.

 Stirnkühlung
Formel: *Die Stirn ist (angenehm) kühl.*

 Entspannungsübung *Sich ganz gelöst und entspannt fühlen.*

 Meditative Übung *Ohne jeden Zwang oder Erwartung auf sich wirken lassen.*

 Zurücknahme *Fäuste machen – Arme recken und strecken – tief durchatmen – die Augen wieder öffnen.*

Praktischer Übungsteil

Schwereübung: Arme

 Ich bin ganz ruhig.

 Stell dir vor, du hast einen schweren Armreif an einem Arm an.
Du fühlst, wie schwer der Reif an deinem Arm ist.
Der Arm ist ganz schwer.
Stell dir nun vor, du hast an beiden Armen schwere Armreife an.
Du fühlst, wie schwer die Reifen an den Armen sind.
Die Arme sind ganz schwer.

 Ich bin ganz ruhig und entspannt.

Schwereübung: Arme

 Ich bin ganz ruhig.

 Stell dir vor, du gehst einkaufen.
Du trägst schwere Einkaufstaschen.
Du fühlst, wie schwer die Taschen sind.
Die Arme sind ganz schwer.

 Ich bin ganz ruhig und entspannt.

Schwereübung: Arme

 Ich bin ganz ruhig.

Stell dir vor, du bist in einem schönen Garten.
Du möchtest die Blumen gießen. Du füllst am Brunnen große Gießkannen.
Du fühlst, wie schwer die gefüllten Kannen sind.
Die Arme sind ganz schwer.

 Ich bin ganz ruhig und entspannt.

Schwereübung: Schultern

 Ich bin ganz ruhig.

 Stell dir vor, du hast schwere Hanteln in beiden Händen.
Du hebst und senkst die Hanteln.
Du fühlst, wie schwer die Schultern davon werden.
Die Schultern sind ganz schwer.

 Ich bin ganz ruhig und entspannt.

Schwereübung: Schultern

 Ich bin ganz ruhig.

 Stell dir vor, du hast einen vollbepackten Rucksack auf deinen Schultern.
Du fühlst, wie schwer er auf deinen Schultern ist.
Die Schultern sind ganz schwer.

 Ich bin ganz ruhig und entspannt.

Schwereübung: Nacken und Schultern

 Ich bin ganz ruhig.

 Stell dir vor, du schwimmst in einem See.
Du willst zum anderen Ufer hinüber schwimmen.
Deine Arme bewegen sich in großen, kräftigen Kreisen.
Deine Arme rudern kräftig.
Du fühlst deinen Nacken und deine Schultern.
Der Nacken und die Schultern sind ganz schwer.

 Ich bin ganz ruhig und entspannt.

Schwereübung: Füße und Beine

 Ich bin ganz ruhig.

 Stell dir vor, du hast schwere Stiefel an.
Du fühlst die schweren Stiefel an den Füßen und Beinen.
Bei längerem Laufen durch Gras, Sand oder Schnee fühlst du die
Stiefel immer schwerer an den Füßen und Beinen.
Die Füße und Beine sind ganz schwer.

 Ich bin ganz ruhig und entspannt.

Schwereübung: Beine

 Ich bin ganz ruhig.

 Deine Beine ruhen fest auf dem Boden, der Erde.
Es ist, als zieht ein Magnet deine Beine zur Erde an.
Du fühlst deine Beine schwer auf der Erde.
Die Beine sind ganz schwer.

 Ich bin ganz ruhig und entspannt.

Schwereübung: Füße und Beine

 Ich bin ganz ruhig.

 Deine Füße stehen fest auf dem Boden.
Deine Füße haben festen Kontakt zum Boden, zur Erde.
Es ist, als hättest du Wurzeln an den Füßen, die tief in der Erde stecken. Du fühlst dich fest verwurzelt.
Deine Füße und Beine sind schwer auf dem Boden.
Die Füße und Beine sind ganz schwer.

 Ich bin ganz ruhig und entspannt.

Schwereübung: Beine

 Ich bin ganz ruhig.

 Stell dir vor, du bist auf einem orientalischen Markt.
Du hast breite, schwere Reifen über deine Füße gestreift.
Du versuchst damit zu laufen oder vielleicht sogar einige Tanz-
schritte zu machen.
Du fühlst, wie schwer die Reifen an deinen Beinen sind.
Die Beine sind ganz schwer.

 Ich bin ganz ruhig und entspannt.

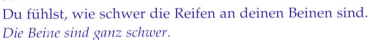

Schwereübung: Der ganze Körper

 Ich bin ganz ruhig.

 Stell dir vor, du liegst wie ein großer, glatter Stein im warmen Sand.
Du sinkst schwer in den Sand.
Du fühlst dich wie ein großer, schwerer Stein im warmen Sand.
Du bist ganz schwer.
Der ganze Körper ist schwer.

 Ich bin ganz ruhig und entspannt.

Schwereübung: Der ganze Körper

 Ich bin ganz ruhig.

 Stell dir vor, du hast einen dicken Wanderanzug und Wanderstiefel an.
Deine Wanderung durch eine schöne Landschaft erfreut dein Auge und deine Seele.
Du fühlst nach einiger Zeit den schweren Anzug und die Stiefel.
Der ganze Körper ist schwer.
Der Körper ist ganz schwer.

 Ich bin ganz ruhig und entspannt.

Schwereübung: Der ganze Körper

 Ich bin ganz ruhig.

Stell dir vor, du bist wie ein Fels in der Brandung.
Das Meer rauscht, die Gischt schlägt an den Fels.
Der Fels steht felsenfest, nichts kann ihn erschüttern.
Ruhig und unerschütterlich steht er da.
Seine Ruhe beruhigt auch das Meer. Ruhig und still liegt es da.
Du kannst tief hinein schauen.
Du bist ganz schwer.
Der Körper ist ganz schwer.

 Ich bin ganz ruhig und entspannt.

Gesichtsentspannung

 Ich bin ganz ruhig.

Fühl einmal dein Gesicht.
Die Gesichtszüge sind gespannt. Wie ein zu straff gespanntes Gummiband fühlt sich die Gesichtsmuskulatur an. Du löst sie, wie ein zu straff gespanntes Gummiband.
Deine Gesichtsmuskulatur fühlt sich nun gelöst, entspannt an.
Das Gesicht fühlt sich gelöst und entspannt an.
Das ganze Gesicht ist gelöst und entspannt.

 Ich bin ganz ruhig und entspannt.

Gesichtsentspannung

 Ich bin ganz ruhig.

 Stell dir vor, du hast eine Gesichtsmaske aufgetragen.
Sie fühlt sich gut an. Angenehm kühl fühlst du sie auf deinem Gesicht.
Nimmst du sie ab, fühlst du dein Gesicht ganz gelöst und entspannt.
Dein Gesicht ist gelöst und entspannt.

 Ich bin ganz ruhig und entspannt.

Wärmeübung: Arme

 Ich bin ganz ruhig.

 Stell dir vor, die Sonne scheint.
Sie scheint auf deine Arme.
Du fühlst die Sonne warm auf deinen Armen.
Die Arme sind ganz warm.

 Ich bin ganz ruhig und entspannt.

Wärmeübung: Hände und Arme

 Ich bin ganz ruhig.

 Stell dir vor, du hast lange Fellhandschuhe an.
Du fühlst das zarte, wärmende Fell an deinen Händen und Armen.
Die Hände und Arme sind ganz warm.

 Ich bin ganz ruhig und entspannt.

Wärmeübung: Arme

 Ich bin ganz ruhig.

 Stell dir vor, du machst dir ein warmes Armbad.
Deine Arme liegen im warmen Wasser.
Du fühlst das warme Wasser an deiner Haut, an deinen Armen.
Die Arme sind ganz warm.

 Ich bin ganz ruhig und entspannt.

Wärmeübung: Hände und Arme

 Ich bin ganz ruhig.

 Stell dir vor, du hältst eine dicke Teekanne in deinen Händen. Du fühlst ihre Form, ihre Struktur – *siehst* vielleicht die Umgebung.
Du siehst ihre Form und Farbe.
Vielleicht riechst du einen aromatischen Duft.
Du fühlst die Wärme in deinen Händen und Armen.
Die Hände und Arme sind ganz warm.

 Ich bin ganz ruhig und entspannt.

Wärmeübung: Füße und Beine

 Ich bin ganz ruhig.

 Stell dir vor, du hast dicke Wollsocken an deinen Füßen. Du fühlst die wärmende Wolle an deinen Füßen und Beinen, weich und warm.
Die Füße und Beine sind ganz warm.

 Ich bin ganz ruhig und entspannt.

Wärmeübung: Füße und Beine

 Ich bin ganz ruhig.

 Stell dir vor, du nimmst ein warmes Fußbad.
Deine Füße sind im warmen Wasser. Du fühlst das warme Wasser an deiner Haut, an deinen Füßen und Beinen.
Die Füße und Beine sind ganz warm.

 Ich bin ganz ruhig und entspannt.

Wärmeübung: Füße und Beine

 Ich bin ganz ruhig.

 Stell dir vor, du bist in einem Sonnenland am Strand.
Du liegst im weichen, warmen Sand, die Sonne scheint angenehm, ein kühlender Wind weht über deine Stirn.
Das Blau des Himmels dringt förmlich in deine Seele. Du fühlst dich wohl.
Du steckst deine Füße in den warmen Sand, du vergräbst deine Füße und die Beine tief in den weichen, warmen Sand.
Du fühlst deine Füße warm. Sie sind wohlig warm.
Die Füße und Beine sind ganz warm.

 Ich bin ganz ruhig und entspannt.

Wärmeübung: Schultern

 Ich bin ganz ruhig.

 Stell dir vor, die Sonne scheint. Du fühlst, wie die Sonne auf deine Schultern scheint.
Du fühlst die Wärme der Sonne wohltuend auf deinen Schultern.
Die Schultern sind ganz warm.

 Ich bin ganz ruhig und entspannt.

Wärmeübung: Nacken und Schultern

 Ich bin ganz ruhig.

 Stell dir vor, du sitzt unter einer wärmenden Rotlichtlampe. Du fühlst die Wärme des heilenden Rotlichtes auf Nacken und Schultern.
Nacken und Schultern sind ganz warm.

 Ich bin ganz ruhig und entspannt.

Wärmeübung: Nacken und Schultern

 Ich bin ganz ruhig.

 Stell dir vor, du bekommst deinen Nacken und deine Schultern mit warmem Öl massiert.
Du fühlst die Hände, die kräftig deinen Nacken und deine Schultern massieren.
Der Nacken und die Schultern sind ganz warm.

 Ich bin ganz ruhig und entspannt.

Wärmeübung: Der ganze Körper

 Ich bin ganz ruhig.

Stell dir vor, du liegst im warmen Sand eines Strandes.
Du fühlst die Wärme des Sandes an deiner Haut, an deinem Körper.
Die Sonne scheint – sie wärmt deinen Körper angenehm.
Du fühlst die Wärme in deinem ganzen Körper.
Der ganze Körper ist warm.
Der Körper ist ganz warm.
Über deine Stirn weht ein sanfter, kühler Wind.

 Ich bin ganz ruhig und entspannt.

Wärmeübung: Der ganze Körper

 Ich bin ganz ruhig.

 Stell dir vor, du liegst in einem schönen Bad in einer Wanne voll warmen, duftenden Wassers.
Es ist eine Atmosphäre zum Wohlfühlen, Abschalten und Entspannen. Ein Bad mit Grünpflanzen und brennenden Kerzen.
Du fühlst Ruhe in dir – du fühlst dich wohl in deiner Haut.
Du fühlst das warme Wasser an deiner Haut, am ganzen Körper.
Der ganze Körper ist warm.

 Ich bin ganz ruhig und entspannt.

Wärmeübung: Der ganze Körper

 Ich bin ganz ruhig.

 Stell dir vor, du liegst in einem Schlafsack.
Warm und geborgen liegst du darin.
Du fühlst, wie warm es darin ist.
Der ganze Körper ist warm.

 Ich bin ganz ruhig und entspannt.

Wärmeübung: Der ganze Körper

 Ich bin ganz ruhig.

Stell dir vor, du findest in einer Truhe aus Großmutters Zeit einen Pelzmuff, ein Pelzcape und pelzgefütterte Stiefel.
Du steckst deine Hände in den Pelzmuff und fühlst, wie wohlig warm er ist. Du fühlst den weichen Pelz.
Die Hände sind ganz warm.
Die Wärme strahlt bis in die Arme. Sie sind ganz warm.
Du legst das Pelzcape auf deine Schultern.
Du fühlst, wie warm und zart der Pelz auf deinen Schultern ist.
Die Schultern sind ganz warm.
Du ziehst die pelzgefütterten Stiefel an. Du fühlst sie wohlig warm an deinen Füßen.
Die Füße sind ganz warm.
Die Hände, Arme, Füße, Beine sind ganz warm.
Der ganze Körper ist warm.

 Ich bin ganz ruhig und entspannt.

Wärmeübung: Der ganze Körper

 Ich bin ganz ruhig.

 Stell dir vor, du bist in einem Palast aus 1001 Nacht.
In einem wunderschönen Raum in den herrlichsten Farben ist ein großes, rundes Becken im Boden eingelassen.
Die Wanne ist aus blauen Edelsteinen, sie ist mit duftenden Ölen gefüllt.
Warmes Wasser sprudelt aus goldenen Hähnen.
Du liegst im warmen Wasser und fühlst es an deiner Haut, ganz warm.
Du fühlst das warme Wasser an deiner Haut, in deinem ganzen Körper.
Der Körper ist ganz warm.
Der ganze Körper ist warm.

 Ich bin ganz ruhig und entspannt.

Organübung: Atem

 Ich bin ganz ruhig.

Stell dir vor, du sitzt am Meer.
Du hörst sein Rauschen und siehst dem Spiel der Wellen zu.
Die Wellen fließen ruhig und gleichmäßig hin und her.
Du fühlst, wie dein Atem sich den Wellen anpaßt.
Ruhig fließt er ein und aus.
Der Atem ist ruhig und gleichmäßig.
Der Atem geschieht.
Es atmet mich.

 Ich bin ganz ruhig und entspannt.

Organübung: Atem

 Ich bin ganz ruhig.

Stell dir vor, du sitzt in einem Schaukelstuhl, vielleicht vor einem
brennenden Kamin – es ist wohlig warm.
Du schaukelst sacht hin und her.
Du fühlst, wie sich dein Atem den Bewegungen anpaßt.
Der Atem geht ruhig ein und aus.
Ganz ruhig geschieht dein Atem.

 Der Atem ist ganz ruhig.
Der Atem geschieht.
Es atmet mich.

 Ich bin ganz ruhig und entspannt.

Organübung: Atem

 Ich bin ganz ruhig.

Stell dir vor, du sitzt an einem Waldrand auf einer Bank.
Du genießt den weiten Blick ins Land.
Sommergrüne Kornfelder liegen vor dir.
Ein leichter Wind bewegt das Korn wie in großen Wellen hin und her.
Du siehst, wie das Korn in ruhigen, großen Wellen hin und her wogt.
Dein Atem paßt sich den ruhigen Bewegungen an.
Dein Atem fließt ruhig ein und aus.
 Der Atem ist ganz ruhig und gleichmäßig.
Der Atem geschieht.
Es atmet mich.

 Ich bin ganz ruhig und entspannt.

Organübung: Atem

 Ich bin ganz ruhig.

Stell dir vor, du sitzt im Urlaub an einem Strand unter hohen Palmen.
Die großen Palmblätter wehen im leichten Sommerwind ruhig hin und her.
Du siehst, wie sie über dir ruhig und gleichmäßig hin und her wehen.
Du fühlst, wie sich dein Atem den ruhigen Bewegungen anpaßt.
 Der Atem geht ganz ruhig und gleichmäßig.
Der Atem geschieht.
Es atmet mich.

 Ich bin ganz ruhig und entspannt.

Organübung: Atem

 Ich bin ganz ruhig.

Stell dir vor, du sitzt auf einer Schaukel.
Langsam schwingt sie vor und zurück.
Dein Atem schwingt sanft wie die Schaukel, ein und aus, ein und aus, wie die Schaukel, so ruhig und gleichmäßig.
Dein Atem geschieht ganz synchron mit der Schaukel.
Der Atem geht ganz ruhig und gleichmäßig.
Der Atem geschieht.
Es atmet mich.

 Ich bin ganz ruhig und entspannt.

Organübung: Atem

 Ich bin ganz ruhig.

Stell dir vor, du siehst im nachtblauen Himmel viele leuchtende Sterne.
Die schmale Mondsichel inmitten aller Sterne.
Du siehst am Mond plötzlich eine Schaukel hängen, an silbernen Schnüren hängt die Mondschaukel da.
Sie schaukelt sanft hin und her.
Du setzt dich auf die Mondschaukel und schwingst mit ihr sanft hin und her, hin und her.
Du fühlst, wie sich dein Atem den Bewegungen anpaßt, sanft schwingt er hin und her.
 Der Atem ist ruhig und gleichmäßig.
Der Atem geschieht.
Es atmet mich.

 Ich bin ganz ruhig und entspannt.

Organübung: Atem

 Ich bin ganz ruhig.

Stell dir eine doppelflügelige Schwingtür vor, vielleicht aus Glas. Beim Einatmen öffnet sich die Schwingtür, sie schwingt nach vorn, gibt vielleicht den Blick auf etwas frei.
Beim Ausatmen schwingt sie wieder zurück.
Dein Atem geschieht synchron mit dem Schwingen der Tür.
Beim Einatmen schwingt sie nach vorn, beim Ausatmen wieder zurück.
 Der Atem geht ganz ruhig und gleichmäßig.
Der Atem geschieht. Es atmet mich.

 Ich bin ganz ruhig und entspannt.

Organübung: Sonnengeflecht

 Ich bin ganz ruhig.

 Stell dir vor, du liegst gemütlich in deinem Bett und genießt die Ruhe und Wärme.
Du hast eine Wärmflasche auf deinem Leib, eine rote Wärmflasche.
Du fühlst die Wärme der Flasche angenehm auf dem Sonnengeflecht, auf deinem Leib.
Du fühlst das Rot der Flasche als sehr angenehm auf deinem Leib, es ist, als sei der ganze Unterleib von diesem Rot durchströmt.
Das Sonnengeflecht ist strömend warm.
Der Leib ist strömend warm.

 Ich bin ganz ruhig und entspannt.

Organübung: Sonnengeflecht

 Ich bin ganz ruhig.

 Stell dir vor, deine warmen Hände liegen auf deinem Leib.
Deine Hände liegen warm auf deinem Leib.
Du fühlst die Wärme, sie breitet sich im ganzen Körper aus.
Es ist, als sei der Leib eine Sonne, deren warme Strahlen sich im ganzen Leib ausbreiten – du fühlst das warme Gelb der Sonne.
Du fühlst die Wärme in deinem Leib, in deinem Sonnengeflecht.
Das Sonnengeflecht ist strömend warm.
Der ganze Leib ist strömend warm.

 Ich bin ganz ruhig und entspannt.

Organübung: Sonnengeflecht

 Ich bin ganz ruhig.

 Stell dir vor, du hast nach einer langen, schönen Wanderung eine Berghütte erreicht.
Ein Kamin brennt, du siehst seine Flammen tanzen, siehst die unterschiedliche Form und Farbe des Feuers.
Du riechst den angenehmen Duft des brennenden Holzes.
Du fühlst dich wohl, bist entspannt, gelöst und wohlig warm.
Du trinkst eine Tasse warmen, aromatischen Tee.
Du fühlst, wie der Tee warm in deinen Leib fließt.
Du fühlst den Tee warm in deinem Leib.
Dein Leib, das Sonnengeflecht ist strömend warm.

 Ich bin ganz ruhig und entspannt.

Organübung: Sonnengeflecht

 Ich bin ganz ruhig.

 Stell dir vor, ein Mensch, den du magst, massiert mit warmem Öl deinen Leib, das Sonnengeflecht.
Du fühlst die sanften Hände, wie sie deinen Leib im Uhrzeigersinn streicheln und massieren.
Du fühlst das warme Öl auf deiner Haut.
Dein Sonnengeflecht, dein Leib ist strömend warm.

 Ich bin ganz ruhig und entspannt.

Organübung: Herz

 Ich bin ganz ruhig.

 Stell dir vor, du liegst auf einer Kuscheldecke ganz ruhig, entspannt und warm.
Du fühlst dich wohl.
Du fühlst dein Herz, wie es ruhig und gleichmäßig schlägt.
Du legst deine Hand auf dein Herz und fühlst, wie es ganz ruhig und gleichmäßig schlägt.
Das Herz schlägt ganz ruhig und gleichmäßig.

 Ich bin ganz ruhig und entspannt.

Organübung: Herz

 Ich bin ganz ruhig.

 Stell dir vor, du rennst viele Stufen eines Hauses hinauf.
Viele Stufen mußt du steigen.
Du fühlst, wie kräftig dein Herz durch das Laufen schlägt.
Kräftig und gleichmäßig schlägt dein Herz.
Du legst deine Hand aufs Herz und fühlst sein kräftiges und gleichmäßiges Schlagen.
Das Herz schlägt kräftig und gleichmäßig.

 Ich bin ganz ruhig und entspannt.

Organübung: Herz

 Ich bin ganz ruhig.

Stell dir vor, an einem schönen Tag läufst du mit schnellen Schritten an einem kleinen Fluß. Büsche, Gras und Bäume leuchten in schönstem Grün.
Alles steht in voller Blüte. Der Geruch ist würzig und wohltuend.
Die Sonne scheint warm.
Du fühlst die Wärme in deinem Körper.
 Dein Herz schlägt kräftig durch das Laufen.
Du fühlst dein Herz kräftig und gleichmäßig schlagen.
Dein Herz schlägt kräftig und gleichmäßig.

 Ich bin ganz ruhig und entspannt.

Organübung: Herz (Fortgeschrittene Übung)

 Ich bin ganz ruhig.

Stell dir vor, du sitzt an einem kleinen See.
Schilf weht im Wind sanft hin und her.
Wie dein Atem weht es sanft hin und her.
Auf dem Wasser siehst du große Seerosenblätter in sattem Grün.
Die Blätter öffnen und schließen sich ganz langsam und ruhig.
Wieder und wieder geschieht dieses Spiel der Blätter.
Du fühlst, als sei dein Herz solch ein grünes Blatt.
Ein schönes Grün füllt deine Herzgegend aus.
Ein wohltuendes Grün fühlst du.
Du fühlst dein Herz ruhig und gleichmäßig schlagen.
Das Herz schlägt ganz ruhig und gleichmäßig.

 Ich bin ganz ruhig und entspannt.

Organübung: Herz (Fortgeschrittene Übung)

 Ich bin ganz ruhig.

Stell dir vor, du sitzt in einem schönen Park auf einer Bank.
Deine Augen und deine Seele erfreuen sich an vielen schönen Dingen dort.
Vor dir liegt ein kleiner Teich.
Du sitzt ruhig und entspannt und siehst vollerblühte, rote Seerosen. Am Rande wächst ein voll in Blüte stehender Hibiskusstrauch.
Du wählst dir eine der roten Blüten aus.
Du stellt dir vor, dein Herz sei eine schöne, rote Blume.
Du fühlst das Rot der Blüte wie eine sanfte Wärme in deinem Herzen.
Du fühlst dein Herz kräftig, unversehrt und stark.
 Du fühlst deine eigene Kraft und Stärke, dein Vertrauen in deine Kraft.
Du fühlst dich selbstsicher, du glaubst an dich.
Das Herz schlägt ganz ruhig und gleichmäßig.

 Ich bin ganz ruhig und entspannt.

Organübung: Stirnkühlung

 Ich bin ganz ruhig.

 Stell dir vor, du bist in einem Boot, das gemächlich dahintreibt.
Der Wind treibt das Boot sanft voran.
Du fühlst den Wind auf deiner Stirn.
Die Stirn ist kühl.

 Ich bin ganz ruhig und entspannt.

Organübung: Stirnkühlung

 Ich bin ganz ruhig.

Stell dir vor, du fährst mit dem Rad durch eine schöne Landschaft.
Siehst vielleicht kleine Dörfer, einen Fluß, Felder und Weiden, auf denen Tiere grasen.
Von dem Turm einer Kirche schlägt es zur Mittagsstunde.
Eichelhäher warnen – Vögel zwitschern in Büschen und Bäumen.
Es ist eine friedliche Landschaft – dir ist wohlig warm.
Du siehst vieles mit mehr als nur deinen Augen.
Deine Fahrt geht flott voran.
Du fühlst den Fahrtwind auf deiner Stirn.
Die Stirn ist kühl.

 Ich bin ganz ruhig und entspannt.

Organübung: Stirnkühlung

 Ich bin ganz ruhig.

 Stell dir vor, es ist ein sehr warmer Sommer.
Du bist in deinem Zimmer und es ist sehr warm.
Du hast einen Ventilator eingeschaltet.
Du fühlst den kühlenden Wind des Ventilators über deine Stirn wehen.
Deine Stirn ist kühl.

 Ich bin ganz ruhig und entspannt.

Organübung: Stirnkühlung

 Ich bin ganz ruhig.

Stell dir vor, es ist Winter.
Der Schnee zaubert die schönste Winterlandschaft vor dein inneres Auge.
Die Geräusche sind gedämpft – es liegt eine große Ruhe über allem.
Du bist auf einem dick verschneiten Hügel – er lädt zum Rodeln förmlich ein.
Du hast deinen alten Kinderschlitten in deiner Hand.
Du bist warm verpackt und los geht die Fahrt.
Du saust den Hügel herab – sitzt sicher auf deinem Schlitten.
 Du fühlst den Fahrtwind rauschen.
Du fühlst den Wind auf deiner Stirn.
Die Stirn ist kühl.

 Ich bin ganz ruhig und entspannt.

Autonome Entspannungsübungen

Ergänzend zu den standardisierten Übungen im neuen Weg zum Autogenen Training gibt es auf den folgenden Seiten einige Übungen, die in sich schlüssig und wirksam zur ganzheitlichen Entspannung und Erholung führen. Sie können unabhängig von anderen Schwere-, Wärme- und Organübungen eingesetzt werden. Sie wirken auch bei des Autogenen Trainings Unkundigen und sind eine zusätzliche Möglichkeit, mit dem Streß des Alltags besser umgehen zu lernen. Ihre therapeutische Wirkung ist allerdings nicht vergleichbar mit der des Autogenen Trainings. Mit diesem lernt man, seinen Körper, seine Muskulatur, Geist und Psyche sowie das ganze vegetative Geschehen und die Funktion der Organe positiv zu beeinflussen.
Aber, wie heißt es so schön im Volksmund: Das Eine tun und das Andere nicht lassen.
Die *autonomen Entspannungsübungen* sind also eine Ergänzung und Erweiterung des *Neuen Weges*. Werden sie am Tage eingesetzt, ist die *Zurücknahme* wichtig, um wieder ganz fit zu sein. Sie erübrigt sich, wenn sie als Einschlafhilfen genommen werden.

Die Kuscheldecke

 Stell dir vor, du liegst auf einer weichen, warmen Kuscheldecke, entspannt und ganz gelöst. Der ganze Körper ist gelöst, entspannt. Du siehst vor deinem inneren Auge Wolken vorüber ziehen. Deine Gedanken ziehen mit den Wolken weiter, immer weiter, bis sie am Horizont verschwunden sind.
Nichts stört mehr oder belastet dich.
 Sind noch störende Gedanken da, wirfst du sie in eine Wolke und sie ziehen mit ihr weiter, immer weiter, bis sie am Horizont verschwunden sind. Alle Spannung, Sorgen oder Ballast wirfst du in die Wolke hinein. Du fühlst dich ganz frei, befreit von allem.

 Ich bin ganz ruhig und entspannt.

Die warme Dusche

 Stell dir vor, du stehst unter einer warmen Dusche.
Du fühlst, wie das warme Wasser an deiner Haut, an deinem Körper entlang strömt.
Du fühlst, wie deine Spannung wie Wasser von dir abfließt, weg von dir, in die Erde hinein.
Du bist ganz frei von Spannung.
 Du fühlst dich entspannt und wohlig warm.
Eine große Ruhe durchströmt dich.
Du fühlst dich warm, gelöst und vollkommen entspannt.

 Ich bin ganz ruhig und entspannt.

Der Berg

 Stell dir vor, du fühlst dich wie ein Berg, breit, schwer und unerschütterlich.
Nichts und niemand kann diesem Berg etwas anhaben, er übersteht Zeit und Raum.
Breit, schwer und unerschütterlich wie ein Berg fühlst du dich.
Eine große Ruhe durchströmt dich – Wärme durchströmt dich.

 Ich bin ganz ruhig und entspannt.

Die Pyramide

 Stell dir vor, du fühlst dich wie eine der großen Pyramiden in Ägypten, breit, schwer und unerschütterlich, so steht sie im Sand der Wüste.
Sie ist mächtig und stark, sie hat alle Zeiten fast unversehrt überlebt.
Weder Wind noch Sonne können ihr etwas anhaben. Sie überwindet alles.
Breit, schwer und unerschütterlich, wie eine Pyramide, fühlst du dich.
Eine große Ruhe und Wärme durchströmt dich.

 Ich bin ganz ruhig und entspannt.

Der Schwamm

 Ich bin ruhig und entspannt.

 Du liegst auf deiner warmen, weichen Kuscheldecke, entspannt und gelöst.
Du fühlst, wie sich eine große Ruhe langsam ausbreitet.
 Du fühlst dich wie ein Schwamm, der sich langsam mit Ruhe voll saugt.
Körper, Geist und Seele füllen sich mit Ruhe.
Die Ruhe füllt dich ganz aus, sie dringt durch alle Poren.

 Ich bin ganz ruhig und entspannt.

Frei wie ein Vogel

 Stell dir vor, du liegst auf einer grünen Sommerwiese inmitten vieler duftender Blumen.
Bienen summen, Vögel zwitschern, ein bunter Schmetterling fliegt vorüber.
Du siehst über dir den blauen Himmel.
Sein Blau durchdringt dich – es umhüllt dich förmlich.
Am Himmel zieht ein großer Vogel ganz ruhig seine Kreise.
Du siehst, wie er seine Kreise zieht, ungestört und ruhig.
 Vielleicht fliegst du mit ihm oder bist selbst der Vogel, der ganz ruhig fliegt.
Du fühlst dich frei und ganz gelöst.
Frei wie der Vogel am Himmel, der federleicht dahinschwebt.

 Ich bin ganz ruhig und entspannt.

Herbstfeuer

 Stell dir vor, du siehst ein Herbstfeld vor dir. Auf einem abgeernteten Feld ist ein Kartoffelfeuer.
Du setzt dich dazu und siehst dem Spiel der Flammen zu.
Ruhig und gelöst sitzt du da, fühlst die Wärme des Feuers in deinem Körper.
Du wirfst alles Belastende, alle Spannung, Sorgen und Probleme in die Flammen.
Hell lodert das Feuer auf.
 Alles Belastende, alle Sorgen haben sich in Rauch aufgelöst.
Du fühlst dich ganz befreit, bist ruhig und vollkommen entspannt.

 Ich bin ganz ruhig und entspannt.

Phantasiereisen mit Autogenem Training für Kinder und Erwachsene

Vor vielen Jahren habe ich die ersten Phantasiereisen mit Autogenem Training entwickelt, die in dem Buch *Du spürst unter deinen Füßen das Gras* enthalten sind. Der Erfolg dieser Entspannungsgeschichten, Märchen und Reiseimpressionen zeigt sich auch in einer ungewöhnlich hohen Auflage dieses Buches. In den unterschiedlichsten Kreisen gehört diese Methode heute schon fast zum Standard jeder Entspannung.
In das vorliegende Buch *Inseln der Ruhe* habe ich einige ganz neue und umfangreichere Phantasiereisen aufgenommen. Das Autogene Training ist in diesen Geschichten klar und logisch strukturiert und nahtlos in den Verlauf der »Handlung« eingebunden.
Diese Phantasiereisen eignen sich für Kinder und Erwachsene zum Vorlesen oder Selberlesen. Das Vorlesen genießt noch den zusätzlichen »therapeutischen« Wert der emotionalen Zuwendung des Vorlesenden. Das ist ein meist unterschätzter Wert. Der Ritus eines abendlichen Vorlesens, und dies nicht nur bei Kindern, ist fast verlorengegangen. Die elektronischen Sandmännchen haben diese wichtige Aufgabe übernommen. Leider regen sie aber meist an und weniger ab, und verstärken häufig durch zu viele Bild- und Informationsreize die kindliche Spannung. Diese wird dann meist unaufgelöst mit in den Schlaf hineingenommen, so daß die notwendigen Tiefschlafphasen verkürzt und auch seltener sind. Gerade in diesen findet aber die umfassende Regeneration des gesamten menschlichen Organismus statt.
Die folgenden Phantasiereisen bieten die Möglichkeit einer ganzheitlichen Entspannung. Sie können zu *Inseln der Ruhe* am Tage oder zu Hilfen für die Nacht werden, für Kinder und Erwachsene.
Werden die Phantasiereisen am Tage als *Inseln der Ruhe* eingesetzt, ist die *Zurücknahme* wichtig, um wieder fit zu sein. Sie erübrigt sich, wenn die Phantasiereisen als Einschlafhilfen genutzt werden.

Im Garten

Du bist in deiner Phantasie in einem schönen Garten.
Du siehst allerlei Bäume, Büsche, Blumen und Pflanzen. Du siehst einen Rasen, auf dem Blumen, einem bunten Teppich gleich, die schönsten Muster bilden.
Auf einem kleinen Teich schaukeln Seerosen. Sie gleichen Blumenbooten, auf denen sich Schmetterlinge und Bienen sonnen.
Das Wasser ist so klar, daß du bis auf seinen Grund schauen kannst. Steine in vielen Formen und Farben liegen dort. Am Rand des Teiches wiegen sich Schilfhalme sanft hin und her.

Dein Atem geht so ruhig und gleichmäßig,
wie die Schilfhalme wiegt er hin und her.
Der Atem geschieht ganz ruhig und gleichmäßig.
Es atmet dich.

Du hörst Vogelgesang, Bienengesumm. Eine Libelle schwirrt mit ihren Flügeln, die aus feinstem Glas zu sein scheinen, im Sonnenlicht. Schau dir alles in Ruhe an. Verweile mit deinen Augen, mit deinem Sinn.

Du fühlst eine tiefe Ruhe in dir.
Du bist ruhig und entspannt.

In der Gartenhütte stehen Gießkannen. Du nimmst zwei der Kannen und füllst sie am Brunnen. Die Sommerblumen verlangen nach Wasser. Die vollen Kannen sind sehr schwer.

Du fühlst, wie schwer sie sind.
Deine Arme sind ganz schwer.
Die Arme sind schwer, ganz schwer.

Nachdem du die Blumen gegossen hast, stellst du die leeren Kannen wieder ab. Du fühlst dich ganz erleichtert.

Die Arme sind gelöst, entspannt.

In der Hütte findest du Arbeitsstiefel. Du ziehst sie für die Gartenarbeit an. Die Stiefel sind schwer.
Du fühlst, wie schwer sie sind.

Die Füße und Beine sind ganz schwer.

Nach getaner Arbeit ziehst du die Stiefel wieder aus. Du findest einen Liegestuhl zum Ausruhen, oder legst dich ins duftende Sommergras. Du kannst den Duft der Erde, des Grases riechen.
Es ist ein schöner, warmer Sommertag.
Du fühlst dich wohl.

Ruhig und entspannt bist du.
Geist und Seele erholen sich.

Die Sonne scheint. Du fühlst, wie sie dich wärmt. Sie scheint auf deine Arme, auf deine Beine, auf deinen ganzen Körper.

Die Arme sind ganz warm.
Die Beine sind ganz warm.
Der ganze Körper ist warm, ganz wohlig warm.

Das Gesicht ist gelöst und entspannt. Deine Gesichtszüge sind weich, gelöst, entspannt.

Über deine Stirn weht ein sanfter, kühler Wind.

Die Stirn ist kühl.

Du genießt diesen schönen Tag. Deine Gedanken sind ruhig. Sie ziehen mit den Wolken am Himmel vorüber, bis sie am Horizont verschwunden sind.
Nichts stört mehr. Alles ist ruhig.

Du bist ganz ruhig und entspannt.

Du träumst ein wenig weiter.

Natur-Schutz-Park

Du bist in deiner Phantasie in einem großen Naturschutzpark. Du siehst eine vielfältige Landschaft vor deinem inneren Auge. Du stehst vor einem Tor, trittst ein und läßt den Alltag hinter dir. Ein sandiger Weg führt in vielen Windungen durch den Park. In deinem Park ist viel zu sehen.
Ein frischer Duft liegt über allem. Die Luft ist klar und rein.

Ruhig ist es hier.
Ruhe liegt über allem.
Die Ruhe fühlst du auch in dir.

Du hörst das Rauschen der Bäume, ein vielstimmiges Vogelkonzert und noch manches mehr. Du brauchst nur hinzuhören.
Auf deinem Weg durch den Park siehst du Wiesen und Felder. Der Wind bewegt das Korn hin und her. Wie große Wellen fließt es hin und her.

Der Atem bewegt sich ruhig, ein und aus.
Der Atem wiegt wie die Wellen sanft hin und her, hin und her.

Vielleicht sind Wolken am Himmel. Wolkenbilder, Wolkengesichter lösen einander ab. Fabelwesen glaubst du zu sehen.
Nach einer Weile suchst du dir einen Rastplatz.
In der Nähe ist eine Quelle. Ihr Wasser glitzert in der Sonne. Du hast zwei große Wasserflaschen dabei, um deinen Durst zu stillen. Du füllst sie an der Quelle mit frischem, kühlem Wasser. Du trägst die vollen Wasserflaschen zu deinem Rastplatz.
Du fühlst, wie schwer die Flaschen sind.

Deine Arme sind ganz schwer.
Die Arme sind schwer, ganz schwer.

An deinem Rastplatz stellst du sie ab und fühlst dich ganz erleichtert.

Die Arme sind gelöst, entspannt.

Nach einer Weile setzt du die Wanderung fort. Nach einiger Zeit fühlst du deine schweren Wanderstiefel an den Füßen.

Die Füße und Beine sind ganz schwer.
Ganz schwer sind die Füße und Beine.

Du fühlst auch bald den schweren Rucksack auf deinen Schultern.

Die Schultern sind ganz schwer.

Bei der nächsten Rast ziehst du die Stiefel aus. Leicht fühlen sich nun die Füße und die Beine.

Füße und Beine sind gelöst, entspannt.

Du nimmst auch den schweren Rucksack von den Schultern. Du fühlst dich ganz erleichtert.

Die Schultern sind gelöst, entspannt.

Barfuß läufst du durchs Gras. Du spürst unter deinen Füßen das Gras. Du genießt die Rast, die Ruhe und die Sonne, die warm auf deinen Körper scheint.
Du fühlst sie auf deinen Armen, Schultern, Beinen, auf deinem ganzen Körper.

Die Arme sind ganz warm.
Die Schultern sind ganz warm.
Die Beine sind ganz warm.
Der ganze Körper ist warm.

Über die Stirn weht ein kühler Wind.

Du bist ganz ruhig und entspannt.
Eine tiefe Ruhe durchströmt dich.
Die Ruhe strömt durch Körper, Geist und Seele.

Du träumst ein wenig weiter.

Bergwanderung

Der Alltag liegt weit hinter dir.
Du bist in deiner Phantasie in einem Dorf inmitten eines hohen Gebirges, das von grünen Wiesen umgeben ist. Ringsherum ragen schneebedeckte Berge auf.
Eine große Ruhe liegt über allem.

Du fühlst diese Ruhe auch in dir.

Ein Bergbauernhof ist der Treffpunkt für die Wanderer. Sein Dach beugt sich wie unter einer schweren Last tief hinab.
Vor dem Haus stehen die Bergstiefel und proviantgefüllte Rucksäcke, die Wanderstöcke lehnen an der Hauswand.
Du findest passende Stiefel, nimmst einen Rucksack auf die Schultern und die Wanderstöcke in die Hände, so beginnt die Bergtour.
Der Weg geht zunächst an einem Bach entlang. Sein Wasser plätschert über viele Steine. Mal fließt es schnell, dann wieder ruhig. Du siehst dort vieles, was dein Auge erfreut.
Schau dir alles in Ruhe an.
Bald verläßt der Weg das Tal. Es geht den Berg hinauf, der weit vor dir scheint.
Der Weg ist lang und wird immer länger.
Du fühlst dich schwer. Die Wanderstöcke liegen schwer in den Händen.

Die Hände und Arme sind ganz schwer.

Der Rucksack liegt schwer auf den Schultern.

Die Schultern sind ganz schwer.

Du fühlst die Stiefel schwer an deinen Füßen.

Die Füße und Beine sind ganz schwer.
Der ganze Körper ist schwer.

Dir wird beim Laufen warm.

Der ganze Körper ist warm. Arme, Beine, alles ist warm, ganz warm.

Bald ist der Gipfel erreicht.
Du befreist dich von allem Schweren. Du legst die Wanderstöcke beiseite, ziehst die Stiefel aus und stellst den Rucksack zur Seite. Die Sicht vom Gipfel ist frei. Ohne Grenzen kannst du nach allen Seiten schauen.
Die Sicht ist unbegrenzt, der Horizont ist weit.
Du riechst den Duft der Bergkiefern.
Die Luft ist frisch und klar.

Der Blick ist weit und frei. Du fühlst diese Weite auch in dir.
Du fühlst dich frei und unbeschwert.

Du bist ganz ruhig und entspannt.

Schwimmen im See

Vor deinem inneren Auge liegt der See wie ein blauer Tupfer in dem Grün, das ihn umgibt.
Kornfelder in ihrem Sonnengelb unterbrechen das Grün der Wälder und Wiesen.
Es ist ein wolkenloser Sommertag. Das Blau des Himmels dringt tief in dich ein.
Auf den Wiesen wächst der Löwenzahn, dessen Samenschirmchen durch die Lüfte segeln. Vögel nisten in Büschen und Bäumen. Ihr vielstimmiger Chor ist wie eine Klangwolke, die zum Himmel schwebt.
Der See lockt zum Schwimmen.
Du gehst durch einen lichten Hain aus Schilf. Die braunen Samendolden sind Leckerbissen für das Getier am See. Im dichten Gestrüpp leben ungestört die Wasservögel und Enten. Du gleitest in das klare, warme Wasser hinein. Die Wasserhühnchen flüchten. Die Enten ziehen ruhig weiter. Sie ziehen ihre Bahn und lange Wasserfurchen malen Muster auf den See. Das Wasser ist so klar, daß du bis zum Grund schauen kannst.

Du hast keine Angst. Es macht dir Freude, du fühlst dich wohl.
Schau dir alles in Ruhe an.
Schau in die Tiefe, ohne Angst. Sieh, was es alles zu sehen gibt.

Du schwimmst ohne Angst weiter in den See hinaus. Du fühlst dich wie ein Fisch im Wasser. Du bist in deinem Element. Nach einer Weile spürst du die schweren Glieder. Du schwimmst zu deinem Rastplatz zurück, ohne Hast und Eile.
Du gehst an Land und schüttelst das Wasser von dir ab. Die Sonne trocknet deinen Körper. Angenehm müde legst du dich hin.
Du fühlst, wie schwer dein Körper ist.

*Der ganze Körper ist schwer.
Die Arme, Schultern, Beine sind ganz schwer.*

Der Körper sinkt tiefer in den Boden ein.
Dein Atem hat sich wieder beruhigt.

 *Der Atem ist ganz ruhig und gleichmäßig.
Der Atem geschieht.
Es atmet dich.*

Die Sonne scheint angenehm warm.
Du fühlst sie auf deinem ganzen Körper.

 *Der ganze Körper ist warm, ganz warm.
Die Wärme breitet sich im ganzen Körper aus.*

 *Du bist ganz ruhig und vollkommen entspannt.
Eine große Ruhe durchströmt dich.*

Du träumst ein wenig weiter.

Afrikanischer Markt

Auf den Flügeln deiner Phantasie bist du nach Afrika geflogen. Du bist inmitten des Landes in einem kleinen, abgeschiedenen Dorf. In der Ferne ragen hohe Berge auf. Sie stehen wie Wächter am Horizont. Kleine Schneehauben liegen auf den Bergspitzen. Das Blau des Himmels läßt ihre Konturen klar erscheinen.
Die Luft ist frisch und würzig.
Große Eukalyptusbäume umranden wie eine schützende Mauer das Dorf. Ihre schmalen, grau-grünen Blätter senden einen betörenden Duft aus. Du siehst manches Neue, Ungewohnte.
Schau es dir an, mit mehr als nur deinen Augen.
Deine Ohren hören viel, die Nase riecht auch Fremdes.
In der Ferne schimmert ein See. Oder ist es eine Fata Morgana?
Der Sand weht wie helle Schleier, vom Wind getrieben, durch die flirrend heiße Luft.
Alles scheint ruhig und friedlich.

 Du fühlst diese Ruhe auch in dir.
Du bist ganz ruhig und gelassen.

Im Dorf ist Markttag. Die Waren liegen auf großen, bunten Tüchern ausgebreitet. Du siehst Früchte, Gemüse, Getreide und vieles mehr.
Es ist mit großer Mühe dem kargen Boden abgerungen.
Die Frauen hocken in großer Gelassenheit bei ihren Waren. Sie sind in farbige Tücher gehüllt. Einige Frauen haben prächtige Tücher zu Turbanen geschlungen.
In großer Ruhe und mit Würde bieten sie ihre Waren an. Einige Babys schauen mit großen, staunenden Augen aus den Tüchern, die um den Rücken ihrer Mütter gebunden sind.
Du siehst an einem Stand Silberschmuck in vielen Formen, matt und glänzend.
Die feinen Muster haben eine lange Tradition.
Du suchst dir Reifen für deine Arme. Die Reifen sind schwer.

Du streifst sie dir über die Hände, fühlst sie an deinen Armen ganz schwer.

Die Arme sind ganz schwer.

Du findest noch Reifen für deine Füße. Du streifst sie über die Füße. Du fühlst sie an deinen Beinen ganz schwer.

Du gehst mit ihnen ein paar Schritte, versuchst sogar mit ihnen einige Tanzschritte nach dem Takt des Tamburins, das ein alter Mann dort schlägt.

Die Beine sind ganz schwer.

Die Frauen tragen geflochtene Weidenkörbe auf ihren Schultern. Einige tragen sie sogar auf ihren Köpfen.
Du nimmst einen dieser schönen Körbe auf deine Schultern. Du fühlst sie schwer auf deinen Schultern.

Die Schultern sind ganz schwer.
Der ganze Körper ist schwer, ganz schwer.

Nach all dem Tun suchst du nun Ruhe. Du findest einen schattigen Platz unter dem riesigen Baobabbaum.

Du ziehst die schweren Reifen ab.
Stellst den Korb zur Seite.
Du fühlst dich nun ganz erleichtert.
Du sitzt oder liegst müde und entspannt im angenehmen Schatten.
Dir ist wohlig warm.

Der Körper ist angenehm warm.

Über deine Stirn weht ein sanfter Wind.
Die Stirn ist kühl.

Du bist ganz ruhig und entspannt.

Du träumst ein wenig weiter.

Tropeninsel

Du bist weit, weit weg von deinem Alltag.
Du bist am anderen Ende der Welt, auf einer Insel der Tropen. Das Meer liegt in phantastischer Farbe in behäbiger Ruhe da. Alles scheint paradiesisch schön.
Du bist neugierig auf die Insel und beginnst, sie zu erkunden. Schau dir alles in Ruhe an, was dir so begegnet.
Nimm alle Eindrücke in dich auf.
Sieh mit mehr als nur deinen Augen.
Du bist in großer Ruhe und Gelassenheit.

 Du bist ganz ruhig, gelassen und entspannt.

Kokospalmen stehen im hellen Sandboden. Reife, braune Nüsse liegen im Sand.
Du nimmst die großen, schweren Nüsse in deine Hände.
Du fühlst, wie schwer die Nüsse sind.

 Die Hände und Arme sind ganz schwer.

Du trägst die schweren Nüsse zu einem Rastplatz. Du legst die erleichtert hin.
Du fühlst deine Arme ganz erleichtert.

 Hände und Arme sind gelöst, entspannt.

Du schaust entspannt aufs Meer, genießt die Weite, die Ruhe und auch das Blau.
Das Blau scheint in deine Seele einzudringen.
Das Blau umhüllt dich.

 Du bist ganz ruhig und entspannt.

Für das abendliche Lagerfeuer suchst du Brauchbares. Du findest so allerlei und packst es auf deine Schultern.
Du fühlst, wie schwer die Schultern sind.

Die Schultern sind ganz schwer.

Am Rastplatz wirfst du alles in den Sand.
Du fühlst dich ganz erleichtert.
Du machst ein Feuer. Die Flammen tanzen im Wind. Ihr leuchtendes Rot durchdringt die Nacht.
Der angenehme Geruch des brennenden Holzes steigt in die Nase.
Du sitzt angenehm müde und schwer im Sand, hörst das Rauschen des Meeres. Seine Wellen schwingen ruhig hin und her, hin und her.
Du fühlst, wie dein Atem sich den Bewegungen anpaßt.
Ruhig schwingt er hin und her, hin und her.

Der Atem geschieht ganz ruhig und gleichmäßig.
Du bist ganz ruhig und vollkommen entspannt.

Du träumst ein wenig weiter.

Orientalisches Bad

Du siehst in deiner Phantasie einen Palast aus Tausend und einer Nacht.
Der weiße Marmor des Palastes schimmert in der Morgensonne. Die Luft ist angenehm kühl und klar.
Goldglänzende Kuppeln zieren das Dach. Die Fenster sind von feingemeißeltem Stuck umrahmt. Ihre Ornamente und Muster zeugen von hoher Handwerkskunst. Tore und Türen sind aus mattem Kupfer getrieben. Die blühenden Gärten verdanken ihre Pracht einem kleinen Wasserlauf, der den Palast wie ein schimmerndes Band umsäumt. In den Brunnen steigen und fallen unermüdlich glitzernde Wasserfontänen. Die Sonne malt einen Regenbogen in die Morgenkühle.
Buntgefiederte Vögel sitzen auf Büschen, deren Blüten mit dem prächtigen Vogelgefieder wetteifern. Pfaue spreizen eitel ihre blaugoldenen Federn zu einem großen Rad.
Im Käfig döst ein Tiger, satt und verwöhnt. Seine bernsteingelben Augen schauen gelangweilt auf seine beschränkte Welt. Er träumt von Abenteuern aus seinem früheren Leben.
Du wanderst mit offenen Augen und Sinnen durch den Palast. Du gelangst zu einem prächtigen Bad. In dem hohen Raum ist eine große, runde Wanne aus feinsten blauen Edelsteinen in den Boden versenkt. Warmes Wasser sprudelt aus goldenen Hähnen.
Das warme, nach köstlichen Essenzen duftende Wasser lockt dich zum Baden. Du gleitest in das blaue Becken hinein. Das warme Wasser umschmeichelt deine Haut, der Duft deine Nase.

Du fühlst auf deiner Haut das warme Wasser.
Dein Körper ist wohlig warm.

Du bist ganz ruhig und entspannt.

Schwerelos schwingst du hin und her.
Du fühlst dich ganz geborgen in dem warmen Wasser.

 Der Körper ist warm, diese Wärme füllt dich aus.

 Der ganze Körper ist entspannt, gelöst.
Eine tiefe Ruhe durchströmt dich.
Die Ruhe wird tiefer und tiefer.

 Du bist ganz ruhig und vollkommen entspannt.

Sanfte Töne klingen durch den Palast.
Der tiefe Ton eines Gongs dringt an dein Ohr. Du träumst ein wenig weiter.

Radwanderung

Es ist ein heiterer Frühlingstag, so recht für eine Fahrradtour geschaffen.
Du holst dein Rad heraus, packst einen Picknickkorb auf den Gepäckträger. Die Fahrt geht los.
Der Weg führt zunächst noch durch die Stadt mit ihrem großen Park. Die Bäume am Weiher stehen im prächtigsten Frühlingskleid. Die Blüten wehen Duftwolken über den Park.
Am Weiher kämpfen die Enten mit den Möwen vom nahen Fluß um die besten Futterbrocken.
Auf den Holzbänken ruhen sich die ersten Menschen vom langen Winter aus. Ihre Gesichter sind der Frühlingssonne entgegengestreckt. Sie wärmt aufs angenehmste.
Der Weg führt durch den Park zum Fluß, der als Wasserader die Stadt durchfließt.
Die Wege am Fluß sind eben und sandig. Leicht rollt das Rad dahin. Es macht dir Spaß. Die vielfältige Landschaft macht die Fahrt abwechslungsreich.
Die Luft ist frisch und klar.
Du trittst kräftig in die Pedale und dein Rad fliegt fast dahin.

Dir wird warm dabei.
Deine Hände und Arme sind warm. Auch die Schultern sind warm. Deine Füße und Beine sind ganz warm.
Dein ganzer Körper ist warm, ganz warm.

Nach langer Fahrt spürst du bald deine Glieder schwer werden.

Dein ganzer Körper ist schwer.
Deine Hände, Arme und Schultern sind schwer, ganz schwer.
Füße und Beine sind ganz schwer.

Du sehnst dich nach einer Pause, nach einer Rast. Du findest einen Platz, der dir gefällt.
Du stellst das Rad zur Seite, packst den Picknickkorb aus. Leckerbissen machen die Pause zu einem kleinen Fest.
Nun bist du satt und sehr zufrieden. Du legst dich auf die Bank oder ins warme Gras.
Du genießt die Ruhe.

Du fühlst, wie sich die Glieder ganz entspannen. Tief sinkt der Körper ein, entspannt, gelöst.
Deine Hände, Arme, Schultern, Füße und Beine sind entspannt und ganz gelöst.
Dein ganzer Körper ist entspannt, gelöst.
Du bist vollkommen entspannt und gelöst.
Du bist ruhig und entspannt.
Du fühlst dich wohl.

Die große Ruhe breitet sich im ganzen Körper aus und auch in Geist und Seele.
Du bist vollkommen entspannt und ruhig.

Du träumst ein wenig weiter.

Tauchen in der Südsee

Du bist in deiner Phantasie auf eine Südseeinsel gereist. Grün liegt die Insel inmitten des unendlichen Blaus des Meeres. Das Blau des Himmels spiegelt sich im Meer wider. Am Horizont verbinden sich das Blau des Himmels und das Blau des Meeres.
Das Blau umgibt dich. Es hüllt dich förmlich ein.
Das helle Band des Sandstrandes windet sich um die Insel.
Du fühlst den Sand warm und weich unter deinen Füßen. Du läufst mit bloßen Füßen durch den Sand, am Strand entlang. Bunte Muscheln, in oft seltsamen Formen, liegen im Sand.
Vögel tauchen mit schrillen Schreien blitzschnell ins Wasser und finden ihre Beute.
Ein Palmenhain liegt hinter dem Strand. Blühende Büsche bilden einen schützenden Wall.
Durch all das Grün rauscht der Wind wie zarte Harfenklänge. Vogelgesang ergänzt die Musik.
Du hörst vieles und freust dich an den Klängen, die über der Insel zu schweben scheinen.

 Du bist ganz ruhig und entspannt.
Du fühlst tiefe Ruhe in dir.

 Gedanken, die stören, hast du tief ins Meer versenkt.

Du hast eine Tauchausrüstung mitgebracht. Du freust dich auf diesen stillen Sport.
Du ziehst den dicken, schweren Tauchanzug an, hängst die Sauerstoffflaschen um, setzt den Taucherhelm auf und ziehst die Tauchhandschuhe an.
Du gleitest sicher wie ein Fisch ins Wasser.
Ohne Angst bist du im Wasser, in einer neuen, bunten Welt.

Sonnenstrahlen fallen wie helle Lichtbahnen durchs klare Wasser. Fische in vielen Formen und Farben bewegen sich anmutig nach unhörbaren Signalen. Algen wehen wie zarte, grüne Schleier hin und her.

Der Atem geht ganz ruhig und gleichmäßig.
Wie die Algenschleier weht er ruhig hin und her, hin und her.
Der Atem geschieht ganz ruhig.
Es atmet dich.

Es ist soviel zu sehen. Du genießt die Schönheit dieser stillen Welt in großer Ruhe. Du fühlst dich wohl.

Du bist ganz ruhig und entspannt.

Nach einer Weile tauchst du langsam wieder auf.
Dein Weg nach oben, ins Licht, geschieht sicher und ohne Hast.
Nach dem Dunkel bist du wieder im Hellen.
Du gehst durch flaches Wasser zurück zum Strand.
Das Gehen durch den tiefen Sand mit dem schweren Tauchanzug ist mühsam. Du fühlst, wie schwer es ist, wie schwer dein Körper ist.

Der ganze Körper ist schwer.
Die Arme sind schwer.
Die Schultern sind schwer.
Die Beine sind schwer.
Der ganze Körper ist schwer.

Du setzt dich in den Sand und befreist dich von all dem Schweren.
Fühle, wie leicht alles ist.
Du fühlst dich ganz erleichtert.

Der ganze Körper ist gelöst, entspannt.

Du liegst erleichtert und befreit von allem im warmen, weichen Sand. Du genießt die Sonne. Sie wärmt dich, deinen ganzen Körper.

Der ganze Körper ist wohlig warm.
Die Arme sind warm.
Die Beine sind warm.
Die Wärme breitet sich im ganzen Körper aus.
Du fühlst die Wärme wie einen warmen Energiestrom durch den ganzen Körper fließen.

Du fühlst eine tiefe, umfassende Ruhe in dir. Du fühlst dich wohl. Die Bilder deiner Tauchreise gehen dir durch den Sinn.

Du bist ganz ruhig und vollkommen entspannt.
Die Ruhe strömt durch Körper, Geist und Seele.

Du träumst ein wenig weiter.

Wollstube in Irland

Du bist in deiner Phantasie auf die grüne Insel Irland gereist. Grün in allen Schattierungen ist zu sehen. Das Grün der Wälder, der Wiesen und der Felder beruhigt das Auge.

Die Insel ist umschlossen vom Blau-Grün des Meeres, das tosend viele Felsen der Küste aushöhlt.

In einem von Hügeln umschlossenen Tal liegt ein Dorf. Die Hügel erscheinen am Horizont in sanften Kurven wie gemalt. Die Häuser sind für die Ewigkeit aus dem Felsgestein der Insel gebaut. Die Zeit scheint hier stehengeblieben zu sein.

Unter den rauhen Nordwinden ducken sich Häuser und Bäume. Doch die Sommersonne kann die Insel in eine südliche, verschwenderische Pracht verzaubern.

Am Rande des Dorfes liegt ein Jahrhunderte alter Bauernhof. Wie angelehnt steht er an einem kleinen Hügel dort. Riesige Weiden, deren Äste bis zum Boden reichen, umgeben schützend den Hof. In einem Holzgatter grasen unzählige Schafe.

Einmal im Jahr wird das Fest der Schafschur gefeiert. Schäfer aus vielen Teilen des Landes kommen, um die Schafe zu scheren. Das dicke Fell wird dann zu großen Haufen geschichtet. Gewaschen, gebleicht, gefärbt und gesponnen wird die Wolle in der ganzen Welt geschätzt. Sie wird mit Farbstoffen der Natur eingefärbt. Aus Baumrinde, Mineralien, Pflanzen und Blüten erhält sie eine unnachahmliche Farbe.

In der Stube des Hofes, deren rauchgeschwärzte Decke von dunklen Holzbalken gestützt wird, liegt die Wolle auf Tischen und im geöffneten Schrank, grob und fein gesponnen und in den leuchtenden Farben eines Regenbogens oder in den Farben der Erde.

In der Stube ist es still und ruhig.
In dir ist es still und ruhig.
Die laute Welt ist in weiter Ferne.
Du fühlst dich wohl, bist ruhig und ganz entspannt.

Deine Hände spielen mit der Wolle. Sie fühlt sich gut an. Sie riecht nach Tier, Wiesen, Wind und Weiden.
Dein Auge erfreut sich an gestrickten und gewebten Dingen. Dicke Fäustlinge fordern zum Anziehen heraus. Sie erinnern dich an die Kinderzeit, an helle und dunkle Wintertage.

Deine Hände sind warm durch die weiche Wolle.
Die Wärme steigt in die Arme.
Die Arme sind warm, ganz warm.
Hände und Arme sind warm, ganz warm.

Ein großes Umschlagtuch schlingst du dir um deine Schultern.

Es wärmt dich aufs angenehmste.
Dein Nacken und deine Schultern sind ganz warm.

Für deine Füße wählst du dir dicke Socken. Du ziehst sie an.

Deine Füße sind ganz warm durch die Wollsocken.
Die Wärme ist auch in den Beinen zu fühlen.
Füße und Beine sind warm, ganz warm.
Die Wärme breitet sich im ganzen Körper aus.
Der ganze Körper ist angenehm warm.

Du sitzt behaglich am Kamin. Das Holzfeuer wärmt die Stube, deinen Körper.
Du trinkst einen Tee, dessen Duft deiner Nase schmeichelt.

Eine tiefe Ruhe durchströmt dich.
Sie strömt durch Körper, Geist und Seele.
Du bist vollkommen entspannt und gelöst.

Und träumst ein wenig weiter.

Pilzsuche

Der Herbst hat einen langen Sommer abgelöst. Die Herbstsonne läßt das Bunt der Blätter leuchten. Die Wälder erscheinen wie von einem Künstler gemalt.

Es ist nun auch die Zeit der Pilzsuche, die Zeit erholsamer Wanderungen.

Heraus aus deinem Alltag gehst du auf Pilzsuche.

Du bist in einem Wald, dessen viele, unterschiedliche Bäume ein harmonisches Ganzes bilden. Grün in den unterschiedlichsten Schattierungen erfreut dein Auge. Tannen und Fichten stehen eng beisammen, helle Lärchen wachsen am Rand. Die glatten Stämme der Buchen ragen so hoch, daß du dich recken mußt, um ihre dichten Kronen zu sehen. Eichen mit ihren knorrigen Stämmen erinnern an Bäume aus dem Märchenbuch.

Das Laub vom vergangenen Jahr liegt wie ein knisternder Blätterteppich auf den Wegen.

Du läufst gutgelaunt durch den Wald. Er bietet viele Farben, Gerüche und Geräusche. Er scheint ganz lebendig, voller Leben, das sich deinen Augen verbirgt.

Fliegenpilze mit ihren roten Hauben auf zartem Moos täuschen gefährliche Harmlosigkeit vor, sie sind nicht für den Pilzkorb gedacht. Selbst die Tiere meiden sie.

Unter dunklen Tannen, die so dicht zusammenstehen, als flüsterten sie sich Geheimnisse zu, wachsen goldgelb und duftend Pfifferlinge. Schirmpilze stehen wie kleinste Schutzhütten im braunen Laub. Der Korb wird langsam voller und ein Geruch von Herbstwald dringt aus ihm.

Du wirst langsam müde vom Wandern durch den herbstlichen Wald und dem Pilzesuchen. Du suchst und findest eine schöne Stelle im Wald, wo das Moos besonders weich wächst.

Du legst dich ins sonnenwarme Moos, es ist ein weiches, duftendes Lager.

Hier läßt es sich gut ruhen und erholsam träumen.

Du liegst entspannt und ruhig da.
Du genießt die Ruhe, die durch den ganzen Körper strömt.
Dein Körper sinkt noch tiefer ins Moos hinein.
Du riechst die Erde, das Moos, den ganzen Wald.
Deine Arme und Beine sind entspannt und ganz gelöst.
Der ganze Körper ist entspannt.

Dein Atem geht ganz ruhig ein und aus.
Er kommt und geht in großer Ruhe.
Ruhig und gleichmäßig geschieht dein Atem.
Der Atem geschieht – es atmet mich.

Du bist ganz ruhig und entspannt
und träumst ein wenig weiter.

Skiwanderung

Ein sonniger Wintertag lockt heraus aus dem Alltag, hinein in eine schneeverzauberte Welt. Alle Konturen wirken weicher. Im Sonnenlicht glitzert der Schnee wie ungezählte Diamanten. Die Landschaft gleicht einer Zauberwelt.
Auf allem liegt hoher Schnee. Gräser wirken filigran, die Blätter wie weiße Federn. Die blattlosen Bäume gleichen Scherenschnitten im Hell des Wintertages.
Du freust dich auf eine Skiwanderung fernab von Menschenmassen. Du ziehst einen warmen Skianzug an, steckst Fäustlinge an die Hände. Die wirken so wie die Hände eines Riesen.
Du hast schwere Skistiefel an den Füßen. Du schnallst die Skier an, nimmst die Skistöcke in beide Hände.
So beginnst du frohen Mutes die Wanderung.

 Du fühlst dich ruhig und ganz gelassen.

Die Wanderung geht weit übers Land. Geräusche dringen nur gedämpft an dein Ohr. Die Hast und Eile des Alltags sind vergessen. Die Seele wird leicht. Der Körper wird nach der langen Wanderung durch den tiefen Schnee schwer.

Deine Hände und Arme sind durch die Skistöcke schwer geworden. Hände und Arme sind ganz schwer.
 Die Schultern sind schwer.
Die Stiefel ziehen die Füße und Beine schwer in den Schnee.
Deine Füße und Beine sind schwer, ganz schwer.
Der ganze Körper ist schwer.

 Vom Laufen durch den Schnee wird dir warm.
Die Hände sind ganz warm in den dicken Fäustlingen.
Hände und Arme sind warm, ganz warm.

Die Füße stecken warm in den Stiefeln.
Die Wärme steigt hoch in die Beine.
Füße und Beine sind ganz warm.
Dein ganzer Körper ist warm.

Über deine Stirn weht ein sanfter, kühler Wind.
Die Stirn ist angenehm kühl.

Nach einiger Zeit erreichst du eine Skihütte. Aus dem Schornstein steigt kerzengerade der Rauch.
Du freust dich auf die Rast, die Ruhe dort.
Du schnallst die Skier ab, ziehst die Handschuhe aus. Du stellst die Skier und die Stöcke an die Hauswand.
Erleichtert ziehst du die schweren Stiefel aus. Hüttenschuhe stehen bereit.

Erleichtert und wohl fühlst du dich.
Du bist angenehm müde und entspannt.

In der Hütte ist es wohlig warm. Im Kamin brennt duftendes Tannenholz. Die tanzenden Flammen werfen bizarre Schatten an die Wand.

Du sitzt in einem Schaukelstuhl vor dem Kamin, schaust ins Feuer, siehst dem Spiel der Flammen zu.

Du bist ganz entspannt und gelöst.
Du fühlst dich wohl.
Deine Hände und Arme sind ganz entspannt, gelöst.
Die Füße und Beine sind entspannt, gelöst.
Dein ganzer Körper ist gelöst, entspannt und wohlig warm.

Deine Gedanken sind ruhig. Nichts stört deine Ruhe mehr.
Eine tiefe Ruhe strömt durch Körper, Geist und Seele.

Du träumst ein wenig weiter.

Winter in der Stadt

Nach dunklen, nassen Tagen ist der Winter über Nacht gekommen. Lautlos fällt der Schnee. Der Lärm der Stadt dringt gedämpft nur in die Häuser.

Rauhreif verwandelt Bäume, Büsche, auch die zartesten Gräser in Wintergeistgestalten.

Auf den Dächern liegt Schnee. Er erinnert an verrutschte Hauben, die hinabzufallen drohen.

Auf den weißen Rasenflächen stehen die dicken Stadtkrähen. Sie wirken wie kleine Kohlestückchen, die aus einem Korb verlorengingen. Ihr Gekrächze klingt wie der Schrei verlorener Seelen.

Die Stadt ist ganz verwandelt. Ihre eigene Kälte ist unter dem Schnee versteckt. Es ist vergnüglich, so durch die weiße, stille Stadt zu gehen. Dick verpackt in Winterzeug bist du geschützt vor der Kälte da draußen. Dein Weg führt durch Straßen, die gesäumt sind von vielen Häusern. Die erleuchteten Fenster sehen aus wie neugierige Augen, die nach draußen ins Dunkle schauen.

Der Weg geht weiter zu dem kleinen Park, der wie eine weiße Oase inmitten der Stadt liegt. Die verschneiten Wege prägen deine Schritte wie dunkle Muster in das Weiß.

Steif gefroren liegen die Herbstblätter auf dem Pfad, der sich zum Weiher hinunterschlängelt. Futterhäuschen locken die Vögel an. Die verschneiten Bänke laden nicht mehr zum Rasten ein.

Der Weiher ist zugefroren. Die Enten rutschen auf ihren gelben Pfoten übers Eis. Winterstarr steht das Schilfgras am Rand des Eises. Du spürst beim Laufen nun deine schwere Winterkleidung. Der Mantel ist schwer und die Stiefel ziehen die Beine tiefer in den Schnee.

Die Beine sind ganz schwer.
Arme und Schultern sind ganz schwer.
Der ganze Körper ist schwer.

Vom Laufen mit den dicken Wintersachen wird dir warm. Die Wollhandschuhe, der Mantel und die Winterstiefel sind warm, du fühlst, wie warm sie sind.

Die Hände und Arme sind ganz warm.
Die Schultern sind ganz warm.
Die Füße und Beine sind ganz warm.
Der ganze Körper ist warm, ganz warm.

Die Stirn ist kühl.

Du gehst zurück in dein Heim. Du freust dich auf das warme Zimmer. Kerzen verbreiten ein sanftes Licht.
Du befreist dich von allem Schweren. Du ziehst die dicken Wintersachen aus.
Du fühlst dich ganz erleichtert.

Dein ganzer Körper ist gelöst, entspannt.

Du fühlst dich erfrischt von dem Spaziergang durch die Schneelandschaft.
Erfrischt fühlt sich der Körper, der Geist und die Seele.

Du bist ganz ruhig und entspannt.
Eine tiefe Ruhe breitet sich in dir aus, sie strömt durch Körper, Geist und Seele.

Du hast es dir bequem gemacht, hörst vielleicht Musik. Die Klänge berühren Ohr und Seele. Du schaust in die Kerzen, deren sanftes Licht besänftigt.

Du bist vollkommen entspannt und ruhig.
Bist ganz bei dir.

Die Ruhe ist eine schützende Hülle, die dich umgibt.
Die Ruhe wird tiefer und tiefer, du bist die Ruhe selbst.

Weihnachtsbaum im Winterwald

Im Winter, kurz vor Weihnachten, bieten viele Förster den Stadtmenschen an, sich ihren Weihnachtsbaum selbst auszusuchen und auch zu schlagen.
Einige Tage vor Weihnachten ist es wieder soweit.
Der Schnee im Wald ist unberührt. Sein Weiß dringt durch das Auge in die Seele.
Die zarten Spuren der Vögel malen Muster in den Schnee. In der matten Wintersonne schimmert und glänzt er wunderschön.
Unter den Schritten knirscht er, die Sohlen hinterlassen tiefe Spuren. Die kahlen Bäume wirken wie Tuschzeichnungen oder Scherenschnitte. Alles ist wie mit Puder fein überstäubt. Die Herbstgräser strecken sich fedrig-weiß aus braunem Laub, das hier und da noch den Boden bedeckt.
Zwischen den kahlen Laubbäumen wirken die Tannen wie kleine, grüne Inseln.
Du läufst vergnügt durch den Winterwald. Du suchst dir unter vielen Bäumen deinen eigenen Tannenbaum. Du schüttelst den Schnee von seinen Ästen, sägst ihn ab und nimmst ihn mit dir. Das Tannengrün duftet und mischt sich mit dem würzigen Duft des Harzes, das wie Tränen von den Ästen tropft. So nimmst du den ganzen Duft des Winterwaldes mit nach Hause. Doch der Weg ist lang, der Baum wiegt schwer.
Du fühlst, wie schwer er ist.

Die Arme sind ganz schwer.

Das Laufen durch den Schnee mit den dicken Winterstiefeln ist mühsam. Du fühlst, wie schwer deine Beine sind.

Die Beine sind ganz schwer.

Dir wird von all dem Schleppen und Wandern auch ganz warm.

Der ganze Körper ist warm.
Deine Arme, Beine, Schultern, alles ist warm, ganz warm.

Bald bist du wieder zu Hause. Du befreist dich von allem. Du stellst deinen Weihnachtsbaum ab, befreist dich von der schweren, dicken Winterkleidung.
Du fühlst dich nun ganz befreit und erleichtert.
Die Wohnung riecht nach Winterwald. Du freust dich auf das Fest.
Dir fallen Feste aus deiner Kindheit ein.
Du erinnerst dich an manches schöne Weihnachtsfest.

Du bist ganz ruhig und entspannt.
Du fühlst dich wohl.
Eine große Ruhe durchströmt dich.
Die Ruhe strömt durch Körper, Geist und Seele.

Du träumst ein wenig weiter.

Der kleine Pandabär

Weit weg, im Land des silbernen Mondes, lebt im Dunkel eines uralten Waldes die Familie Pandabär. Sie wohnt im windumrauschten Bambuswald. Ihre Wohnung ist mit duftendem Moos gepolstert. Feinfiedrige Farne benutzen sie als Decke. Sie essen gerne junge Bambussprossen, Fische aus den klaren Bergseen und den Honig der Bergbienen.
Seit Urzeiten leben sie dort ungestört und zufrieden.
Der kleine Pandabär streift munter durch den Wald. Trifft er auf das Eichhörnchen, wenn es gerade einmal wieder seinen hohen Baum verläßt, plaudert und spielt er gern mit ihm.
Im Winter liegt in diesem Land der Pandabären hoher Schnee. Er liegt wie eine riesige Decke über dem zugefrorenen Boden.
Mit den Vögeln zu spielen, fällt dem kleinen Pandabär nicht leicht. Wenn sie zusammen Fangen spielen, und er mit seinen dicken Tatzen die Vögel fangen will, fliegen sie wie der Wind davon. Laut lachen sie dann aus der Höhe auf den kleinen Bären herab, der wütend ist und selbst so gerne fliegen möchte.
Schlangen dagegen mag er gar nicht. Schlängelt eine über seinen Weg, rennt er davon. Auch mit den heulenden Wölfen mag er nicht spielen. Sie sind ihm zu wild, und er fürchtet ihre scharfen Zähne. Auch mag er ihr struppiges, graues Fell nicht, das so ganz anders als sein weiches, glattes ist.
Der Wald ist ein aufregender Spielplatz für den kleinen Pandabär. Am Rande des Bambuswaldes liegt ein See. Sein Wasser glitzert im Licht der Sonne und nachts im Licht des silbernen Mondes. Im See leben viele fette Fische, wahre Leckerbissen für den Bären.
Die steile Felswand, die vom See bis tief ins Tal reicht, ist die Grenze für den kleinen Bären. Es ist zu gefährlich dort. Die Gefahr abzustürzen ist für so einen jungen Bären groß. Doch er ist zu neugierig, wie es wohl dort unten im Tal aussehen mag.

Und so passiert es eines Tages. Er lugt neugierig über den Felsrand, kommt ins Rutschen und stürzt hinab. Die Luft pfeift ihm während seines Sturzes um die Ohren. Sein Herz klopft rasend schnell vor Schreck.
Er fällt und fällt bis ins Tal hinab.
Völlig erschöpft landet er auf einer Wiese. Da hört er ein feines Fiepen. Eine winzige Maus lugt aus ihrem Loch und sieht erstaunt den Fremdling. Pandabären sind seltene Gäste in diesem großen Tal.
Der Bär fragt die Maus, wie er wohl wieder nach Hause käme, in den großen Bambuswald. Die Maus verspricht ihm Hilfe. Sie wieselt durch das hohe Gras. Der kleine Bär fühlt sich verlassen und sehnt sich nach dem Bambuswald.
Er ist müde von all den Aufregungen geworden. Er legt sich in das warme Gras.
Schwer sinkt er ins Gras hinein.

Seine Glieder sind ganz schwer.
Der ganze Körper ist schwer.

Der Atem ist ruhig. Er kommt und geht ganz ruhig und gleichmäßig.
Der Atem geschieht, ruhig fließt er ein und aus, ganz ruhig.

Ruhig und entspannt ist er.

Nach einer Weile rauscht es in der Luft. Ungezählte Fledermäuse flattern heran. Sie hocken sich auf ihre dünnen Beinchen um den Bär herum. Sie fassen sich alle an, breiten ihre Flügel aus und der kleine Bär kann sich daraufsetzen. Sacht heben die Fledermäuse vom Boden ab und schwingen sich in die Lüfte. Der kleine Bär fühlt sich sicher auf ihren Flügeln. Während des Fluges schaut er zur Erde. Er sieht einen riesigen gelben Fluß und eine unendlich große Mauer. So etwas hat er noch nie gesehen.

Schau mal, was der kleine Bär so alles sieht.

Bald ist die Reise zu Ende. Sie haben den großen Bambuswald erreicht. Die Pandaeltern sind glücklich, ihren kleinen Bären wieder zu haben. Sie freuen sich über das gute Ende des Abenteuers und beschließen, ein Fest zu feiern. Alle Tiere des Waldes sind zur Nacht geladen, zur Stunde, wenn die silberne Mondsichel wie eine Schaukel am Himmel hängt.
Wer will, setzt sich auf die silberne Mondschaukel und schwingt mit ihr sanft hin und her, hin und her.
Und so träumst du ein wenig weiter.

Literatur

Hoffmann, Bernt: Handbuch des autogenen Trainings. Grundlagen, Technik, Anwendung. München 1992

Leuner, Hanscarl: Katathymes Bilderleben. Grundstufe: Einführung in die Psychotherapie mit der Tagtraumtechnik. Ein Seminar. Thieme, Stuttgart, 4. neubarb. u. erw. Aufl. 1989

Müller, Else: Bewußter leben durch Autogenes Training und richtiges Atmen. Übungsanleitungen zu Autogenem Training, Atemtraining und meditative Übungen durch gelenkte Phantasien, Rowohlt-Taschenbuch, Reinbek 1983

Müller, Else: Du spürst unter deinen Füßen das Gras. Autogenes Training in Phantasie- und Märchenreisen. Vorlesegeschichten, Fischer-Taschenbuch, Frankfurt 1993[14]

Müller, Else: Hilfe gegen Schulstreß. Übungsanleitungen zu Autogenem Training, Atemgymnastik und Meditation. Übungen zum Abbau von Aggressionen, Wut und Spannung für Kinder und Jugendliche, Rowohlt-Taschenbuch, Reinbek 1984

Müller, Else: Auf der Silberlichtstraße des Mondes. Autogenes Training mit Märchen zum Entspannen und Träumen, Fischer-Taschenbuch, Frankfurt 1993[11]

Müller, Else: Du fühlst die Wunder nur in dir. Autogenes Training und Meditation in Alltagsbetrachtungen, Aphorismen und Haikus, Fischer-Taschenbuch, Frankfurt 1989

Müller, Else: Wege in der Wintersonne. Autogenes Training in Reiseimpressionen, Fischer-Taschenbuch, Frankfurt 1993

Müller, Else: Träumen auf der Mondschaukel. Autogenes Training mit Märchen und Gute-Nacht-Geschichten, Kösel, München 1994[4]

Müller, Else: Träumen auf der Mondschaukel. Autogenes Training mit Märchen und Gute-Nacht-Geschichten. Toncassette, Kösel, München 1994

Müller, Else: Die kleine Wolke. Autogenes Training mit Märchen und Gute-Nacht-Geschichten. Toncassette, Kösel, München 1994

Rosa, Karl Robert: Das ist die Oberstufe des Autogenen Trainings, Fischer-Taschenbuch, Frankfurt 1983

Schultz, J.H.: Das autogene Training. Konzentrative Selbstentspannung: Versuch einer klinisch-praktischen Darstellung, Thieme, Stuttgart, 19. veränd. Aufl. 1991